**기독교문서선교회**(Christian Literature Center: 약칭 CLC)는 1941년 영국 콜체스터에서 켄 아담스에 의해 시작되었으며 국제 본부는 미국 필라델피아에 있습니다. 국제 CLC는 59개 나라에서 180개의 본부를 두고, 약 650여 명의 선교사들이 이동도서차량 40대를 이용하여 문서 보급에 힘쓰고 있으며 이메일 주문을 통해 130여 국으로 책을 공급하고 있습니다. 한국 CLC는 청교도적 복음주의 신학과 신앙서적을 출판하는 문서선교기관으로서, 한 영혼이라도 구원되길 소망하면서 주님이 오시는 그날까지 최선을 다할 것입니다.

추천사

김 상 구 박사
백석대학교 기독전문대학원 실천신학 교수

저자는 구약성경 사무엘과 역대기에서 나타난 다윗의 예배관이 얼마나 혁명적이었나를 보여주고 있으며, 이를 통해 예전의 해석학과 예전 음악의 신학적인 특징을 진술하고 있다. 저자는 "이 책의 많은 요점에서, 크든 작든, 나의 결론의 많은 부분이 잠정적인 것임을 밝힌다. 하지만 적어도 그 위대한 왕, 다윗이 자신의 임금이신 야훼의 보좌 앞에서 세마포 에봇을 입고 바보처럼 춤추었을 때, 바로 그날에 시온의 그 위대한 행진에 참여토록 한 흥분에 대해선 내가 그럴듯한 설명을 제공하기를 바란다"라고 밝힌다. 그의 의도처럼, 독자들이 하나님 앞에 선 진정한 예배자 다윗의 모습을 진솔하게 엿볼 수 있기를 바라면서 일독하기를 추천한다.

이 태 훈 목사
대평교회 담임

피터 J. 레이하르트는 모세의 성막, 다윗의 장막, 솔로몬 성전의 제사(예배)에 대한 계시가 어떻게 발전해 가는지를 심도있고 탁월하게 살피고 있다. 무엇보다 찬송의 의미를 계시의 진전이라는 관점으로 밝히면서 주일 공예배와 삶의 의미를 풍성하게 만든다. 독자는 찬양에 대해 막연한 생각에서 벗어나 구체적이고 실제적인 실천으로 성장하게 될 것이며 결국에는 우리의 찬양을 가능케 하신 참 장막, 예수께로 우리의 소망을 두게 될 것이다.

조재필 목사
새언약교회 담임

'다윗의 성막'은 '신대륙'과 같은 주제다. 성경에 언제나 존재했지만, 탐험가와 같은 탁월한 신학자에 의해 이제 성경신학 세계에 알려지게 되었다. 그간 알지 못해도 잘 지내왔다. 그러나 알려진 이상 이전 같지는 않을 것이다. 이 책을 통해 구속사를 더 풍성하게 깨닫게 해 줄 '골드 러시'가 예상된다.

찬양신학

침묵에서 노래하다

From Silence To Song

From Silence To Song: The Davidic Liturgical Revolution
Written by Peter J. Leithart
Translated by Jung Jin Ahn
Copyright © 2003 by Peter J. Leithart
Originally published in English under the title
From Silence to Song: The Davidic Liturgical Revolution
by Canon Press.
All rights reserved.
Translated and printed by permission of Canon Press.
Korean Edition Copyright © 2020 by Christian Literature Center, Seoul, Korea.

찬양신학: 침묵에서 노래하다

2020년 7월 10일 초판 발행

지 은 이	|	피터 J. 레이하르트
옮 긴 이	|	안정진
편 집	|	박민구
디 자 인	|	김현진, 김진영
펴 낸 곳	|	(사)기독교문서선교회
등 록	|	제16-25호(1980.1.18.)
주 소	|	서울특별시 서초구 방배로 68
전 화	|	02-586-8761~3(본사)031-942-8761(영업부)
팩 스	|	02-523-0131(본사)031-942-8763(영업부)
이 메 일	|	clckor@gmail.com
홈페이지	|	www.clcbook.com

ISBN 978-89-341-2148-0 (93230)

이 도서의 국립중앙도서관 출판예정도서목록(CIP)은 서지정보유통지원시스템 홈페이지(http://seoji.nl.go.kr)와 국가자료공동목록시스템 (http://www.nl.go.kr/kolisnet)에서 이용하실 수 있습니다. (CIP제어번호: CIP2020020639)

이 한국어판 저작권은 Canon Press와 독점 계약한 (사)기독교문서선교회가 소유합니다. 신저작권법에 의하여 한국 내에서 보호를 받는 저작물이므로 무단 전재와 무단 복제를 금합니다.

찬양신학

침묵에서 노래하다

From Silence To Song

피터 J. 레이하르트 지음 | 안정진 옮김

CLC

From Silence To Song

목차 — Contents

추천사   1
    김 상 구 박사 | 백석대학교 기독전문대학원 실천신학 교수
    이 태 훈 목사 | 대평교회 담임
    조 재 필 목사 | 새언약교회 담임

저자 서문   8
역자 서문   13

제1장 | 다윗 예배의 문제   16
제2장 | 모양을 따라   27
제3장 | 제사장과 레위 사람   45
제4장 | 찬미의 제사   78
제5장 | 다윗의 장막   106
제6장 | 노래의 끝   148

저자 서문

피터 J. 레이하르트 박사
테오폴리스인스티튜트(Theopolis Institute) 총장

과거 몇년 동안 여러 차례에 걸쳐, 나는 '다윗의 성막'(the tabernacle of David)에 대해서 가르쳐 왔다. 그때마다 매번 그것을 다시 시작해야 했다. 내 부족함 때문인데, 어찌하다 보니 분량이 늘어나고 말았다. 지금까지의 가르침을 모아서 이제 보고형식으로 서문을 시작하고자 한다.

아주 큰 그 사건이 나를 비껴가고 있다고 여전히 느끼고 있지만, 가끔은, 성경의 텍스트를 통해서 속이 빤히 보이는 허세를 좇아간다. 이제 막 정상에 도달한 것 같다는 기분에 취하는 것이다. 그 정상에서 내 앞에 펼쳐진 지평선 위에 광대하고 아직 발견되지 않은 새로운 영역—풍요롭고 비옥한 땅—을 현기증을 느끼며 바라본다.

오호라! 그 기대는 점점 더 커지고, 정상이 눈앞에 있으니, 이제 안개를 헤치고 어딘가에 있을 그곳에 도달하게 될 것이다. 이것은, 이 책이 "진행 중인 것에 대한 보고서"이며, 이 주제에 대한 단정적인 결

론이 아니라는 뜻이다.

  이 책에는 구멍이 많다. 나는 그 구덩이 주변에 울타리를 치고, 오렌지색 경고판을 의무감으로 매달았다. 어떤 곳에는, 논의 속의 간격을 독자가 발견하도록 했고, 또 다른 곳에는, 경고판을 붙이지 않고 그냥 내버려둔 곳도 있다. 이는 내가 그 모든 위험에 대해서 미처 알지 못하기 때문이다. 구덩이에 굴러 떨어지지 않도록 독자는 조심하시기를(Caveat lector)!

  그러면 그게 그토록 대단한 사건인가?

  회의적인(그리고 잔인한) 한 친구의 말처럼, 아마 그렇지 않을지도 모른다. 하지만 의연하게 맞서, 나는 그 사건이 정말 대단한 사건이었다고 말하고 싶다. 그 이유는 이렇다. 다윗의 성막은, 위대한 왕의 도성으로 불리게 될 예루살렘 안에, 야훼께서 첫 번째 거처(dwelling)로 그것을 삼으셨기 때문이다. 다윗의 장막은, 시온산에 세워진 유일한 성소이며, 시온은 성경의 주요한 상징들 가운데 하나이기 때문이다. 충분한 근거에서, 예수님에 대한 구약의 주요한 두 모형 중 하나인 아담과 더불어, 다윗이 구약성경의 중심인물이기 때문이다.

  역대기에 따르면, 다윗의 가장 위대한 성취는 성전을 준비하며 예배를 조직했기 때문이다. 그때, 노래가 크게 불리기 시작했고, 심지어 예배 안에서 찬송이 지배적인 역할을 하기 시작했기 때문이다. 가장 이른 예언서 중의 하나인 아모스의 예언 속에서 그것이 절정의 이미지를 나타냈기 때문이다. 야고보가 교회의 첫 번째 공회에서 아모스의 예언을 인용하면서 그것에 대해 말했기 때문이다. 우리가 예배 안에서 오르는 환희의 하늘 총회(heavenly assembly)를 그것이 미리 보여주기 때문이다. 그리고 만물의 끝에 있을 종말론적인 총회에 대하여 미리 맛보여 주기 때문이다.

  내가 옳다면, 사실 너무 큰 주제에 대해 아주 작은 책을 쓴 셈이다. 나는 정상에 오르기 전에 그 일대의 지도를 제공했다고 생각한다. 이 책은 정상을 오르는 힘겨운 등반가를 돕는 하나의 부르짖음 그 이상 그 이하도 아니다. 이 경우에, 나는 속히 파견된 인명 구조 대원이고 싶다.

  그러나 나는 더 좋은 것을 기대한다. 회의적인 내 친구를 포함해서 독자들은, 이 주제의 규모에 대한 어떤 감각을 지니게 될 것이다. 그리고, 내가 그 지형을 잘못 파악하여 전했다고 해도, 적어도 오르막길을 아주 완만하게 만든 것이 되었기를 바란다(발자국과 표시들, 버려진 사탕 포장지로).

  그 결과, 그 누군가가 뒤따르고 실제로 어떤 이는 정상을 향하여 오르는 기술과 체력을 가지게 될 것이다. 1998년에, 나는 처음으로 다윗의 장막에 대하여 워싱턴, 밴쿠버, 웨스트민스터 장로교회가 후원하는 컨퍼런스에서 강의를 했다. 거기에서 가르칠 수 있도록 기회를 준 제임스 보드윈 목사와 웨스트민스터 세션에 감사한다.

  2000년 가을에 미국 모스코우에 있는 그리스도교회에서 후원하는 사역자 컨퍼런스에서, 나는 다윗의 장막에 대한 세 가지 강의를 했다. 거기에는 교회 음악에 대한 내용도 포함되어 있었다. 그 모임에 참여한 사람들은 유익한 논평과 질문을 했고, 그러한 반응에 나는 크게 위로를 얻었다.

  마지막으로, 나는 2001년 7월에 비브리컬 호라이즌(Biblical Horizons) 11주년 여름 컨퍼런스에서 다윗의 장막에 대해 강의했다. 이러한 상호작용이 내가 이 주제에 대하여 말하려는 것을 더 정확하게 만들어

내도록 도움을 주었다.

　다수의 사람이 이 일에 용기를 주었고 집필할 수 있도록 다양한 방식에서 도움을 주었다. 1998년 웨스트민스터 컨퍼런스에서 크리스 홉스를 만났다. 그는 이전에는 은사주의자였지만, 다윗의 장막에 대한 개혁주의 신학자의 이야기에 강한 흥미를 보였다. 크리스는 이후에도 열정을 가지고 나를 위해 한 권의 책과 함께 이 주제에 대한 웹사이트를 알려 주었다.

　그리스도교회 사역자 컨퍼런스를 마친 후 저녁 시간에 내 서재에 앉았을 때, 거기서 데니스 투리와 개혁언약교회의 멤버들이 도전적인 질문과 논평을 했다. 데니스는 나의 연구를 도와주었는데, 로버트 웨버에 의해 편집된 책에서 다윗의 장막에 대한 자료를 보내 주었다. 갈렌 소레이 목사는 비브리컬 호라이즌 컨퍼런스에서 내 강의를 듣고, 그래함 트러스코트(Graham Truscott)의 아주 낡은 책, 『존재의 힘』(The Power of His Presence)을 보내 주었다. 이 책은 다윗의 장막에 대해 그래도 분량이 있는 보기 드문 책 중 하나다.

　또한, 네이트 스미스에게 감사한다. 그는 세인트 루이스 지역 도서관에서 자료를 찾아 보내 주었다. 제임스 조던에게 감사한다. 그의 조언은 항상 그랬듯이 모든 곳에 빛을 비춰 주었다. 캐논출판사에서 책을 내도록 도와준 더글라스 존스에게도 깊이 감사한다.

　이 책은 나의 다섯 번째 아들, 동명이인 제임스에게 헌사한다. 지금은 아홉 살인 제임스는 앞으로도 이 책에 대해서 별로 감사하지 않을 것 같다. 그렇지만 책에 있는 자신의 이름을 보는 것과, "바산 왕, 옥"을 말씀 속에서 배우는 것을 기뻐할 것이다(지금은 내 노력에도 불구하고, 땡땡이[Tintin, 애니메이션 주인공]가 전부다). 아들이 감사하든지 아니든지, 나는 시온의 환희의 총회의 한 지체가 되었다는 것을 알아가기를 바라며 이 아들에게 책을 헌사한다.

브니엘 홀
2001년 삼위일체 시즌에

역자 서문

안정진 목사
서초동교회 담임

『하나님 나라와 능력』(*the Kingdom and the Power*, CLC)을 시작으로 최근 『손에 잡히는 사복음서』(*the Four*, IVP)까지 피터 레이하르트 박사의 저작들 중 일부가 한국 독자들에게 소개 되었다. 그 동안, 적지 않은 사람들이 그를 통해 성경을 보는 새로운 안목을 가지게 되었다고 피드백 해 주었다. 그럴 때마다 번역자로서 보람을 느낀다. 이번에 출판하게 되는 『찬양신학: 침묵에서 노래하다』는 *From Silence To Song: The Davidic Liturgical Revolution*을 완역한 것이다. 이 작품도 독자 여러분을 실망시키지 않을 것이다.

저자는 이스라엘의 역사의 한 중요한 순간, 곧 예배가 분리된 시기를 탐구한다. 무엇보다 다윗의 장막과 그 예전의 중요성을 사무엘하 6장과 역대상 13-16장을 통하여 흥미롭게 풀어간다. 학구적이고 통찰력 넘치는 그의 설명은 예배 음악에 대한 풍성한 자료와 성경 이해를 제공할 것이다.

피터 레이하르트는 미국 장로교 목사이며, 개혁파 신학자이다. 미국 뉴세인트앤드류대학(New Saint Andrews College)에서 대학원장을 지냈으며, 현재는 테오폴리스인스티튜트의 총장이다. 최근 북미에서는 "페더럴 비전"(Federal Vision, 언약의 비전)에 대한 논쟁이 진행되어 왔는데, 그는 자신이 소속된 PCA 교단에서 "유아 성찬"(paedocommunion)에 대한 이슈로 주목을 받았다. 유아 세례를 받은 어린이가 성찬에 참여할 수 있다는 주장은 사실 새로운 것은 아니다.

교회 역사 속에서 다수의 교부와 신학자가 고민하고 씨름하고 실천해 왔던 주제다. 성찬을 자주 시행하지 않는 한국교회의 상황에서는 비교적 낯선 이야기 일 수도 있다. 그의 주된 관심은 교회라는 폴리스(*polis*)와 교회의 성례전적 예배의 실천을 통해 정치, 경제, 교육 등 세상 문화의 초점을 교정하고 맞추는 것이다. 제임스 스미스는 그의 문화적 예전에 관한 삼부작 중 마지막 책, 『왕을 기다리며』(*Awaiting the King*, IVP)에서 레이하르트가 자신에게 준 생각의 변화와 영향에 대해 거듭해서 언급한다. 그의 모든 회전축은 "교회의 중심성"인데, 그것은 무엇보다 "예배의 중심성"이다.

이 책은 예배에 대한 책이며 특히 찬양신학에 대한 것이다. 하지만 그 이상의 선물이 될 것이다. 저자의 안목으로 성경을 읽는 일은 무척 흥미롭고 즐거운 과정이 될 것이라 믿는다. 그의 말처럼, 책 내용에 구멍이 많을 수 있다. 역설적이지만 이런 이유 때문에 그는 우리가 분발하도록 돕는다. 교회의 찬양이 "소리 나는 구리와 울리는 꽹과리" 소리가 되지 않도록 이 작은 책이 기여할 수 있기를 무척 기대한다.

그 동안 나는 서초동교회의 청빙을 받아 동고동락하던 한울림교회의 성도들과 함께 신앙의 터전을 옮겨왔다. 나름의 정당성을 위해 나는 다윗의 장막을 묵상한다. 시온에 있던 다윗의 장막이 모리아의 솔로몬 성전과 아름답게 융합하고, 다시 새 언약의 교회로 진전을 이루었던 것처럼, 우리도 하나가 되어서 산돌로 거룩하게 지어져가고 궁극적으로는 남편이신 그리스도를 맞이하는 아름다운 신부, 거룩한 성, 새 예루살렘이기를 원하고 바라고 기도한다.

항상 옆에서 고급스러운 조언을 해 주는 독수리기독학교의 조성희 선생에게 존경과 고마움을, 어려움을 믿음으로 잘 이겨낸 재능이 많은 송희와, 아재 개그를 잘도 참아내며 열심히 공부하는 얼짱 시은이와, 장래에 백종원 아저씨를 꿈꾸는 절대 미각의 요리사 유진이에게 사랑을 전한다. 마지막으로, 코로나19로 인해 힘들고 고통스러운 시간을 보내면서도 미소를 잃지 않고 감사 제목을 찾으며 삼위 하나님을 소리 높여 찬양하는 서초동교회의 모든 지체와 더불어 출간의 기쁨을 나누고 싶다. 오직 하나님께 영광을!

2020년 부활절 시즌에
서초동에서

제1장

다윗 예배의 문제

그날, 예루살렘으로 통하고 시온의 요새¹ 안으로 들어가는 먼지투성이 길은 인파로 가득 찼다. 이스라엘의 모든 장로가 거기 있었고, 그 길을 따라 줄 선 아이들은 태양 빛에 번쩍이는 갑옷을 입은 다윗의 장수들을 바라보았다. 그들의 무용담은 이스라엘의 모든 거리에서 회자 되고 있었다. 그 행렬의 중심에는 하얀 세마포를 입은 레위 사람들이 있었다. 그들은 야훼의 보좌인 언약궤를 운반

---

1 시온(Zion)은 구약성경의 역사서에서 종종 언급된다. 이 단어가 언급되는 모든 곳이 성전산은 아니다. 더욱이 예루살렘 도성 전체를 가리키는 것도 아니다(삼하 5:7; 왕상 8:1; 역대상 11:5; 대하 5:2을 보라). 최근 주석가들 가운데서, P. Kyle McCarter, *II Samuel*, Anchor Bible (Garden City: Doubleday, 1984), 139은 이 점에서 가장 명료하다. 도성의 동쪽 끝에 있는 오벨 언덕 정상은 "엄격한 의미에서 '시온의 요새' 혹은 '다윗의 도성'이었다 … 그러나 그 도성이 확장되고 오벨을 넘어선 첫 북녘이 성전산을 포함했다(오늘날 하람에쉬-세리프[Haram esh-sherif]다). 이후로, 시온과 다윗의 도성이라는 이름들이 더 광범위하게 사용되었다." 기술적으로, 성전산은 '시온'이 아니라, '모리아'다. (대하 3:1). 넓은 의미에서 시편과 선지서에서 폭넓게 사용될지라도 말이다.

하고 있었다. 그 언약궤는 보이지 않도록 여러 겹의 천으로 가려져 있었다.

그들은 매번 여섯 걸음을 걷고, 일곱 걸음을 떼기 전에 멈추고 야훼께 희생을 드렸다. 귀가 먹먹했는데, 뿔과 나팔 소리, 제금과 비파와 수금을 타는 소리, 레위 사람들의 찬양 소리 때문이었다. 위대한 왕 다윗은 세마포 에봇을 입고 그의 임금 야훼 앞에서 바보처럼 춤추었다.

그 행렬이 시온에 도착했을 때, 레위 사람들은 언약궤를 다윗이 미리 준비한 장막 안으로 옮겼고, 그 후에 화목제를 위한 희생제물을 잡아 모든 가족이 주님의 임재 안에서 먹었다. 그들은 다윗의 새로운 찬양대가 장막 앞에서 야훼께 찬양을 드리는 것을 보며 놀라움으로 가득 차 있었다. 다윗이 그들을 축복했고, 그들은 기쁨으로 충만하여 집으로 향했다.

누구도 이 같은 행렬이나 축하를 기억할 수 없었다. 굳이 비교를 원한다면 이스라엘의 기억 저편으로 꽤나 거슬러 올라가야 할 것이다. 그들이 읽고 들었던 이야기 중에서 기억할 만한 것은 출애굽의 행렬이다. 그때, 미리암은 소고를 가지고 춤과 노래로 여자들을 이끌었다. 어떤 사람들은 여리고를 둘러싼 행렬을 기억했을 것이다.

제사장들이 엿새 동안 야훼의 보좌 앞에서 그 성벽이 무너질 때까지 나팔을 불었다. 그들은 야훼가 이전에는 도시들을 정복했지만, 이번에는 자신의 소유로 삼기 위해서 일하고 계시다는 결론을 내렸다.

타마라 에스케나지(Tamara Eskenazi)는 역대기의 "언약궤 내러티브"에 대한 글에서, 예루살렘에 있었던 야훼의 즉위식은 "지상적이며, 더 나아가 우주적인 중요성"을 지니는 사건이었다고 결론지었다.

에스켸냐지는 다음과 같이 말한다.

> 역대기의 사건 중에서 언약궤가 안치되는 사건 만큼이나 폭넓게 영향을 미치는 표현 방식과 이미지를 소중히 간직한 사건은 없었다. 심지어 성전 봉헌식도 거기에 미치지 못한다.[2]

이스라엘 백성 중에서 그들이 목격한 사건에 대하여 지금까지 에스케냐지처럼 묘사하는 사람은 없었다. 그러나 이스라엘의 백성은 시온 정상을 내려가면서, 아주 큰 것, 그들이 이해할 수 있는 것보다도 훨씬 더 큰 어떤 일이 자신들의 눈앞에서 일어났다는 것을 저무는 태양 빛 아래서 어렴풋이 깨달았을 것이다.

이것은 기이한 일이 아니었다. 다윗이 왕이 되고 난 직후, 야훼의 보좌는 1백 년 동안 이스라엘을 떠나 "유배 상태"에 있었다. 아벡 전투에서, 블레셋 사람들은 언약궤를 강탈하였고, 일곱 달 후에 언약궤가 돌아왔지만, 기랏여아림에 있는 아비나답의 집으로 보내졌다(삼상 4:1-7:2).[3] 그곳은 유다와 베냐민 지파에 의해 연합으로 형성된 기브온 족속의 마을이었다. 다윗은 예루살렘을 정복하고 나서, 수도로 정한 후, 곧 언약궤를 그 도성 안으로 들여오기로 결심했다.

1백 년 만에 언약궤가 있어야 할 곳, 이스라엘의 중심으로 돌아왔

---

[2] Astrid B. Beck의 책, "A Literary Approach to Chronicles' Ark Narrative in 1 Chronicles 13-16 in Astrid B. Beck, et, al., eds.," *Fortunate the Eyes That See: Essays in Honor If David N. Freedman* (Grand Rapids: Eerdmans, 1995), 270.

[3] 연도에 대한 보다 더 자세한 연구를 위해서는, 사무엘서 주해인 나의 책 *Son to Me* (Moscow: Canon)을 보라.

다. 처음으로 예루살렘 도성 안에 언약궤가 안치된 것이다. "다윗이 언약궤를 위해 준비해 둔 장막"(삼하 6:17; 대상 16:1)은 이스라엘이 예루살렘에 세운 첫 번째 성소였다. 이제 유일한 예배의 장소가 시온에 세워진 것이다.

다윗의 통치 전반을 통하여 언약궤는 이 장막에 있었고, 다윗은 거기에서 예배드리기 위해 레위 사람을 조직했다. 한편, 모세의 성막(언약궤 없이)은 도성에서 북서쪽으로 약 11km 떨어진 기브온에서 여전히 작동하고 있었다(대상 16:39-43). 결과적으로, 언약궤는 솔로몬의 성전에 있던 나머지 성막 기구들과 재결합되었다(왕상 8:1-11; 대하 5:2-14).

기독교인들은, 모세의 성막과 솔로몬의 성전의 모형론적, 신학적 중요성을 이해하기 위해 지금까지 큰 노력을 해 왔다. 그러나 다윗 시대의 예전적 상황에 관한 연구에는 상대적으로 소홀했다.[4] 학문적인 결과도 상대적으로 드물다. 물론, 사무엘과 역대기의 주석가들은 다윗의 장막과 거기서 행해진 예배에 대해서 언급한다. 그러나 자세하게 그것을 연구한 글이나 단일 주제에 관한 논문들은 거의 없다.[5]

---

[4] 나는 이런 주제를 다룬 책을 두 권 발견했다. 두 책의 저자 모두는 은사주의 전통의 사람이다. Graham Truscott, *The Power of His Presence: The Restoration of the Tabernacle of David* (Burbank, CA: World Map Press, 1969) 그리고 Kevin J. Conner, *The Tabernacle of David* (Portland, OR: Bible Temple-Conner Publications, 1976). 그리고 간단하게 다룬 글은 Janice E. Leonard 와 Richard C. Leonard가 쓴 *The Complete Library of Christian Worship* (Nashville, TN: Star Song Publishing, 1993) 1권, 그리고 Philip Mauro 의 *The Hope of Israel* (Sterling, VA: Grace Abounding Ministries, 1988) 제8장에서 간단하게 이 주제에 대해서 다루었다. 그리고 웹사이트 www.tabernacle-of-david.com 에서도 역시 이 주제에 대해서 다루고 있다. 내가 Webber와 Chris Hoops의 자료를 얻을 수 있도록 이 웹사이트를 가르쳐 준 Dennis Turri 목사에게 감사한다.

[5] 소위 "사무엘상·하의 언약궤 이야기"에 대한 많은 연구 자료들이 있다.

이 책은 이스라엘 역사의 한순간, 예배가 분리된 순간을 탐구한 것이며, 다윗의 장막과 그 예전의 중요성을 이해하기 위한 시도다.[6]

(삼상 4-6장, 삼하 6장으로 구성된다.) 그러나 사무엘서는 다윗의 장막에서 행해진 예배에 대해서는 거의 말하지 않는다. 그 예배에 대한 자료는 역대상에서 발견되는데, 주로 13-16장에서 나타난다. 그리고 이 장에서 학술적으로 쓸모 있는 글은 거의 없다. 이를 확인하기 위해서, 이 장에 대한 Roddy Braun's *Word Biblical Commentary*에서 제공된 참고 문헌들을 보라(역대상[Waco: Word, 1986],172,180-181). 다윗의 통치에 관한 역대기의 최근의 연구 결과들이 몇 개 더 있는데, 유용하다. Simon J. De Vries, "Moses and David as Cult Founders in Chronicles," *Journal of Biblical Literature* 107, no. 4(1988): 619-639; John W. Wright, "The Founding Father: The Structure of the Chronicler's David Narrative," *Journal of Biblical Literature* 117, no. 1(1998):45-49; 그리고 Eskenazi, "A Literary Approach to Chronicles' Ark Narrative in 1 Chronicles 13-16." 역대상 13-16장에서 다루고 있는 특별한 주제들에 관한 글들이 나타나는데, 나중에 이 글들은 주목받을 것이다. 이런 자료들에 대한 가장 의미 있는 연구는 John W. Kleinig's *The Lord's Song: The Basis, Function and Significance of Choral Music in Chronicles* (JSOT Supplement #156;Sheffield: JSOT Press, 1993) 다, 나는 이 책 전체에서 중요하게 이 부분에 대해서 답했다. 그러나 클레이닉(Kleinig)의 훌륭한 연구는 다윗의 상황에 대해서는 특별한 주의를 기울이지 않았다. 대신에 다윗 시대에 성전에서 행해진 예전적 음악을 연구했다. 그러므로 나는 이 책에서, 특히 제5장에서 구원-역사적인 특별한 질문들은 다루지 않았다. 나에게 클레이닉의 책을 알려준 제임스 B. 조던(James B. Jordan)에게 감사한다.

[6] 다윗 예배의 독특성을 인식하지 못하면 아주 혼란스러워진다. 예를 들어, "시온"은 성전이 있던 산의 이름이라고 알려져 있다. 그러나 역대하 3:1에서 솔로몬은 예루살렘의 정상인 모리아산에 성전을 지었다고 분명하게 말한다(나는 이 문제에 대해서 아직 출판되지 않은 나의 글, "Where Was Ancient Zion"에서 이 주제를 많이 다루었다). 더구나, 시편의 많은 부분에서 성전 상징의 중요성은 그동안 잘못 해석되어왔다. 예를 들어, 시편 27편은 다윗의 시로 여겨지지 않는다. 이는 그 표제가 가리키고 있는 것처럼, 다윗의 소망이 "내 생전에 여호와의 집에 거하는" 것과 "그 전에서 사모하는 그것"이었기 때문이다(4절). 성전은 솔로몬 시대까지 아직 지어지지 않았다. 그래서 이 시가 정확하게 다윗이 지었다고 말하는 것은 불가능하다. 대부분의 학자는 이 시편이 후기 저자에 의해 첨가

나는 에스케나지의 도발적인 주장에 힘을 얻었고, 또한 이 연구에 들인 시간과 노력을 보상받을 것이라는 여러가지 이유가 있다.

첫째, 다윗의 언약궤-성지, 곧 이스라엘이 거기에서 수행했던 예배는 이스라엘의 예전 역사에 결정적인 진보를 이루었다.

모세오경 안에서 우리가 배울 수 있는 것에서부터, 모세 시대에 이스라엘의 예배는 사실상 침묵이었다. 말의 고백이 속죄일에 요구되었다(레 16:21). 죄의 고백이 종종 동물의 제사를 드리는 것에 수반 되었다. 나팔이 아침과 저녁 번제에 울렸다(민 10:9-10).

그러나 그 어디에도 예전의 음악이 분명하게 언급된 곳은 없었다. 대조적으로, 우리가 (제4장에서) 살펴볼 것이지만, 다윗 장막의 예배는 주로 찬송의 예배이며, 그래서 레윗적 합창과 오케스트라가 후에 솔로몬 시대의 성전 예배 속으로 합지게 된다. 기독교인들이 예배 중에서 찬송가와 시편을 부를 때, 우리가 오르간과 피아노, 기타와 트럼펫을 연주할 때, 우리는 다윗의 "예전 혁명"의 상속자다.

이는 다윗의 통치가 찬송을 통한 예배의 시작(inception)을 보았기 때문이며, 이 기간을 묘사하는 성경 구절들 특히 역대기는, 성경의 어

되었다고 주장하면서, "다윗의 시"라는 표제를 생략한다. 그러나 이러한 결론은 거의 상식 밖의 일이다. 이는 우리가 그 성전이 다윗이 아니라 솔로몬에 의해 지어졌다는 것을 알고 있을 뿐만 아니라, 저자 역시 이 사실을 알고 있기 때문이다. 왜 시편 저자는 성전 시편에다 다윗의 저작을 알리는 표제를 달아서 혼란을 일으키는가? 우리가 이 문제를 해결하기 위해서, 다윗이 예루살렘에다 언약궤를 위한 장막을 만드는 것으로 성전 건축을 시작했다는 사실을 인식하는 것이 중요하다. 비록 성전이 다 지어지지는 않았지만, 다윗 때에는 시온에 성소가 있었고, 이것이 나중 성전의 기초였다.

떤 다른 곳보다 예배 음악에 대한 더 많은 재료를 제공한다. 이러한 구절들에 주목하는 것은, 교회 음악에 대한 긴 세월의 논쟁과 동시대의 논쟁, 이 두 가지 모두에 도움을 줄 것이다. 예를 들어, 개혁파 예전 학자들은 예배 시간에 악기 사용의 적절성에 대해 오랫동안 논의해 왔다. 이 질문에 다윗 장막과 관련된 본문보다 더 적절한 성경 구절들은 없다.

나는 교회 전반을 통해 제기되어 왔고 혹은 논의되고 있는 모든 구체적인 질문에 답을 주려고 시도하지 않을지라도, 더듬어서라도 그러한 답으로 지향할 수 있는 어떤 신선한 방향을 이 책이 제공해 주기를 바란다. 내가 전혀 답을 주지 못한다면, 적어도 추가적이며, 근본적인 질문이라도 자극할 수 있기를 바란다.

개혁파 예전 학자들을 포함해서 어떤 학자들은, 기독교 예배신학과 실천에 대한 가이드를 내가 엉뚱한 지점에서 찾고 있다고 반대할지도 모른다. 이미 그리스도 안에서 성취되었을 뿐 아니라, 지나가 버린 예배 형식을 묘사하는 구약성경을 검토하는 대신에, 신약성경에 있는 예배와 관련된 본문들에 집중해야 하며, 그중에도 특히 고린도전서의 어떤 장들을 살펴보는 것이 유익하다고 생각한다.

또 다른 학자들은 유대인들의 회당의 예에서 기독교 예배지침을 찾으려 한다. 그들은 이것을 기독교 예배의 기원이며 원천으로 간주한다.[7] 나는 결론을 다루는 장에서 다소 길지만 이에 대한 반대 의견을 개진할 것이다.

---

[7] 나는 "Synagogue or Temple? Models for Christian Worship," *Westminster Theological Journal*에서 기독교 예배의 모델로서 회당 예배에 대한 의문을 제시했다.

그러나 해석학적 전제에 관한 이 지점에서 내가 말하고 싶은 것은, 개혁파 "예배지침"을 내가 그 기저에 삼았다는 것이다. 예배지침은, 적어도 어떤 작가들의 손에서, 실천적으로, 해석학적으로 경직되었고, 신학적으로는 말시온적인 모습이 되었다.[8] 경직되었다고 한 것은, 분명한 "명령"이 예배의 모든 행위에 요구되고 있기 때문이며, 말시온적이라 한 것은, 어떤 신약성경 구절을 해석하기를 선호하면서도 구약성경의 풍성한 예전적 가르침을 무시하기 때문이다.

말시온적 전제를 반박하는 것은 다음 기회로 미루겠지만, "규정주의"regulativism의 경직성은 이 책에서의 본문 연구를 통해 직접적으로 언급하게 될 것이다. 아래에서 논의할 것이지만, 예루살렘 안의 장막에서의 다윗의 예배 재구성은 모세의 의식법에 기초한다. 그럼에도 불구하고, 그것은 그 율법의 확대이고 창조적인 적용이었다. 이처럼 다윗의 예전 혁명은 율법이 예전 문제에 어떻게 적용될 수 있는지에 대해 **정경적** 실례를 제공해 준다.

더욱이, 이러한 성경 본문들을 검토함으로써, 우리는 교회의 "찬미의 제사"가 레위기 율법의 적용으로 말미암아 생겨났음을 알게 된다. 율법이 다윗의 예배와 치밀하게 연관되어 있다는 것을 보여줌으로써, 이 연구는 일반적인 차원에서 예배의 성경적 규정에 관한 몇 가지 힌트를 제공하고, 기독교 예배에 대한 레위기 예전의 관련성을 보여 줄 것이다(여기에 대해서는 제6장을 보라).

---

[8] 말시온은 신약성경의 하나님은 구약의 하나님과 다른 신이라고 믿었던 초대교회의 이단이었다. 나는 구약과 신약 사이를 첨예하게 구분하려고 하는 신학의 시스템(지금의 경우, 예전신학)을 묘사하기 위해 이 문맥에서 "말시온주의"를 사용하고 있다. 성례신학에 대한 말시온파 해석학의 영향에 대한 나의 논의는 *The Priesthood of the Plebs: The Baptismal Transformation of Antique Order* (Eugene, OR: Wipf & Stock)를 보라.

둘째, 예배에 대한 다윗의 구조는, 구속 역사와 선지자들의 표현대로 이스라엘의 소망과 고대교회 내에서 이 소망의 성취를 이해하기 위해 중요하다.

여기 질문들은 우리가 검토하게 될 역사의 구속사적 논리와 관련되어 있다.

즉 하나님이 이런 특별한 방식으로 예루살렘에 당신의 집을 세우신 이유는 무엇인가?

하나님이 모세의 성막에서 솔로몬의 성전으로 자연스럽게 곧장 옮기지 않는 이유는 무엇인가?

성막을 먼저 찢어서, 백 년 이상이나 언약궤와 성막을 따로 분리해 둔 이유는 무엇인가?

도성으로 성소의 나머지 물건들을 가져오기 전에 한 세대 동안 예루살렘에 언약궤-장막을 세운 이유는 무엇인가?

아모스 9:11-12은, 예루살렘 공회에서 야고보에 의해 특별히 인용된 바 있는데(행 15:16-18), 다윗의 장막이 모형론적으로 중요했다는 사실을 명확히 한다. 나는 5장에서, 아모스가 다윗의 왕국뿐 아니라, 예배의 다윗적 형식을 예언했으며, 야고보는 이 회복이 사도시대에 일어나고 있음을 인식했다고 주장할 것이다.

이 중요성은, 다윗의 장막이 시온산에 세워진 유일한 성소였다는 사실을 상기하므로 더 명백하게 된다. 솔로몬이 성전을 지은 이후, 언약궤를 시온에서 모리아로 옮긴다(대하 3:1). 그렇게 함으로써, "시온"도 옮기고, 모든 것이 성전과 연합되었다. 그러나 "시온"의 본래적인 중요성은 상실되었다. 즉 솔로몬의 성전에 시온의 언어를 적용하는 것은 새 성전 구조에다 다윗의 구조를 확장하는 것이었다. 간단히 말해서, 시온에 있는 다윗의 성막은 성전 시스템보다 이스라엘의 예배, 삶, 미래에 대해 여러모로 더 근원적이었다.

셋째, 선지자들은 예루살렘의 미래적 회복을 묘사할 때 항상 시온의 언어를 사용한다.

구약 선지자들이 "모리아"가 산들의 머리가 되도록 일으켜질 것이라고 언급한 적이 단 한 번도 없다.[9] 항상 어디에서나 약속은 시온이 땅의 칭송이 되기 위해 높아질 것이라고 말한다. 동일한 의미에서, 선지자들은 솔로몬 통치의 영광이 회복될 것이라는 소망을 제안한 적이 없다. 솔로몬은 단지 예레미야 52장에 단 한 번 언급될 뿐인데, 열왕기하 마지막 장과 동일한 이야기 본문이다.

반면, 선지자적인 소망은 항상 다윗 왕권의 회복에 관한 것이든 아니면 이스라엘의 왕위로 다윗 자신이 복위하는 것이다.[10]

이스라엘의 종말론은 솔로몬이 아니라 항상 다윗에, 모리아가 아니라 항상 시온에 집중되었다. 이런 분명한 강조는, 소망하기로는, 그 시기 동안 이스라엘 예배의 중심이었던 언약궤-성소에서의 예배의 특징과 그 예배를 연구하고 난 후에야 훨씬 더 의미가 있을 것이다.

이 책의 많은 요점에서, 크든 작든, 나의 결론의 많은 부분이 잠정적인 것임을 밝힌다. 하지만 적어도 그 위대한 왕, 다윗이 자신의 임

---

9   "모리아"는 창세기 22장과 역대하 3:1에서만 사용된다.
10 솔로몬의 범죄가 그의 통치를 너무 퇴색시켰기 때문에 선지자들이 미래를 위한 하나의 모델로써 그것을 볼 수는 없었다고 주장한다. 그러나 다윗의 범죄 또한 너무 중한 것이었다. 그래서 이스라엘은 다윗이 아니라, 솔로몬의 통치 아래서 가장 위대한 국제적인 지위를 성취한다. 예언자의 소망은 종종 "다윗의 아들"을 위한 소망, 곧 새로운 솔로몬을 위한 소망이다. 하지만 ,그것은 항상 다윗에 대한 용어 속에서 묘사된다.

금이신 야훼의 보좌 앞에서 세마포 에봇을 입고 바보처럼 춤추었을 때, 바로 그 날에 시온의 그 위대한 행진에 참여토록 한 그 흥분에 대해선 내가 그럴듯한 설명을 제공하기를 바란다.

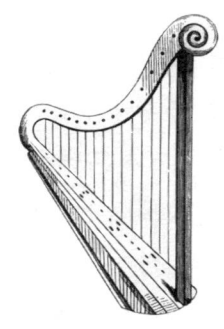

From Silence To Song

제2장

모양을 따라
According to the Pattern

다윗이 예배를 확립한 일은 구약성경의 두 구절 속에 묘사되어 있다. 즉 사무엘하 6장과 역대상 13-16장이다. 전자는 나의 사무엘서 주석[1]에서 다루었기 때문에 여기서는 그 모든 내용을 반복하지 않겠다. 하지만 그 요점 중 몇 가지에 주목하려고 한다.

첫째, 사무엘서 전체는 다윗을 새로운 이스라엘로 나타낸다.
사무엘하 6장은 특히 다윗의 예루살렘 탈취와 여호수아의 가나안 정복 사이의 유비를 강조하기 위해 구성되어 있다. 이런 관점에서, 예루살렘 안의 언약궤-장막의 설립은 새로운 정복 전쟁의 종착지였다 (수 18:1 보라). 정복 주제와 관련해서, 사무엘하 5-8장에는 "승리-집짓

---

[1] *A Son to Me: An Exposition of I and II Samuel* (Moscow: Canon). 또한, *A House for My Name: A Survey of the Old Testament* (Moscow: Canon, 2000), 140-149. 후자의 책은 『새로운 관점으로 본 구약성경 읽기』(서울: CLC, 2010)로 번역되었다.

기"라는 연속적인 사건들이 여러 차례 순환한다. 다윗 혹은 야훼가 싸우시고, 적들을 물리치며, 이어서 집(근거지)이 세워진다.

이런 각도에서, 언약궤-장막은 신적인 전사의 보좌와 블레셋에 대한 그의 승리 후의 안식-쉼을 나타낸다. 사무엘서의 큰 문맥 속에서, 이 단락은 아벡전투 이후 언약궤가 블레셋의 포로 된 사무엘상 4-6장의 이야기를 이어간다. 마침내 언약궤 "유배"는 사무엘하 6장에 이르러 결론에 도달한다. 그러나 역대기는 다윗의 통치와 언약궤의 오름을 매우 다른 방식에서 다룬다.

다윗은 새로운 이스라엘로 제시되지 않으며, 시온 안에 언약궤의 확립은 새로운 정복의 완성으로도 보이지 않는다. "승리-집짓기" 패턴이 역대기에도 나타나지만, 그것은 다른 주제에 종속된다.

둘째, 역대기 사가가 아벡을 언급하고 있지 않기에, 예루살렘 안에 언약궤의 안착은 아벡의 역전으로 그려지지 않는다.

역대기는 사무엘서와 매우 다른 맥락에서 언약궤 이야기를 기록할 뿐 아니라, 사무엘서에 발견되지 않는 보다 자세한 것을 담고 있다.

이러한 차이를 주목하는 것은, 역대기 사가에게 있어 다윗 장막이 가진 중요성을 우리가 파악할 수 있도록 도울 것이다.[2]

---

[2] 이 책 전체에서, 나는 현대적 감각을 살려 역대기의 저자를 "역대기 사가"로 부를 것이다. 전통적인 입장에서, 저자는 에스라 혹은 다른 성경 인물일 가능성이 있다. 그러나 여기서는 저작의 문제를 조사하는 것이 아니기 때문에 익명의 이름을 사용하기로 한다. "역대기 사가"라는 호칭의 채용은 저자에 대한 전통적인 입장을 공격하는 것이 결코 아니다. 이것은 저자를 모른다는 고백일 뿐이다.

1. 두 이야기, 한 다윗[3]

역대상은 시작부터 다윗과 사울 혹은 다윗의 집과 사울의 집 사이의 갈등을 완전히 배제한다. 사무엘상이 열다섯 장에 걸쳐 다윗을 겨냥한 사울의 박해를 묘사하고 있지만(16-31장), 역대기는 간단히 한 장으로 사울의 통치만을 이야기한다(대상 10:1-14). 그나마 기록된 유일한 사건은, 길보아 전투에서 사울이 죽었다는 내용이다. 더욱이 역대상은 다윗이 사울의 아들 이스보셋과 싸웠던 다윗 통치의 초기 역사마저도 배제한다. 반면에 사무엘하는 몇 장에 걸쳐서 이 싸움을 묘사하고 있다(삼하 2-4장).

---

[3] 다음의 글들은 역대기의 이 단락에 대한 구조와 주제에 대한 유용한 주석을 제공한다. William Johnsotne, "Guilt and Atonement: The Theme of I and 2 Chronicles," in James D. Martin and Philip R. Davies, eds., *A Word in Season: Essays in Honour of William McKane* (JSOP Supplement #42; Sheffield: Sheffield Academic Press, 1986), 113-138는 역대기의 신성모독(히, *ma'al*), 유배, 구속에 대한 주제를 토의하는데 아주 훌륭하며, 열광할 만한다. 또한, Tamara C. Eskenazi, "A Literary Approach to Chronicles' Ark Narrative in I Chronicles 13-16," in Astrid B. Beck, et. al., eds., *Fortunate the Eyes that See: Essays in Honour of David N. Freedman* (Grand Rapids: Eerdmans, 1995), 258-273을 보라. Simon J. De Vries, "Moses and David as Cult Founders in Chronicles," *Journal of Biblical Literature* 107, no. 4 (1988): 619-639; and John W. Wright, "The Founding Father: The Structure of the Chronicler's David Narrative," *Journal of Biblical Literature* 117, no. 1 (1998): 45-59. 라이트(Wright)는 다수의 논문에서 주변의 장을 다루고 있다. "Guarding the Gates: 1 Chronicles 26:1-19 and the Roles of Gatekeepers in Chronicles," *Journal for the Study of the Old Testament* 48 (1990): 69-81, 그리고 "The Legacy of David in Chronicles: The Narrative Function of I Chronicles 23-27," *Journal of Biblical Literature* 110, no. 2 (1991), 229-242.

첫째, 역대상은 사울의 죽음에서부터(10장), 온 이스라엘이 헤브론에 모여 모든 지파를 다스리는 왕으로 다윗에게 기름을 붓는 기사로 곧장 움직인다(11-12장).

더 일반적으로, 다윗이 헤브론에서 유다 지파를 다스린 7년의 통치는 사실상 지나쳐 버린다.[4] 역대기 사가는, 왕위 승계 경쟁에 대하여 말하는 대신에, 야훼가 사울을 '죽이시고' "그 나라를 이새의 아들 다윗에게 넘겨 주셨다"고 간단하게 기록한다 (대상 10:14).

둘째, 역대상은 사무엘서 보다 헤브론에서 다윗의 즉위식에 더 큰 주의를 기울인다.

사무엘하는 그 사건을 단지 다섯 절로 묘사하지만(5:1-5), 역대상은 그 사건에 두 장 전체를 사용할 뿐만 아니라(11-12장). 부가적인 사건과 정보들도 기록한다. 즉 예루살렘의 정복(11:4-9; 삼하 5:6-10과 비교), 다윗의 용사들의 목록(11:10-47; 삼하 23:8-39과 비교), 시글락에 있는 다윗에게 나아온 사람들의 목록(12:1-22, 삼하 2장은 병행 본문이 없음)이다. 이 장들은 하나의 단일한 단위이며, 헤브론에서 왕위 즉위식과 관련된 **'인크루지오'**(*inclusio*)를 구성한다.

> 이에 이스라엘의 모든 장로가 헤브론에 있는 왕에게로 나아가니 헤브론에서 다윗이 그들과 여호와 앞에 언약을 맺으매 그들이 다

---

[4] 헤브론은 역대상 11:1에서 다윗의 거주지로 언급된다. 시글락에서 다윗의 나그네 된 것은, 거기에서 넌지시 말한다(12:1). 그러나 역대기는 다윗이 잠시 동안이지만 유대를 다스렸다는 것 혹은 사울을 피해 시글락으로 달아난 사실은 언급하지 않는다.

위에게 기름을 부어 이스라엘의 왕으로 삼으니 여호와께서 사무엘을 통하여 전하신 말씀대로 되었더라(대상 11:3).

이 모든 군사가 전열을 갖추고 다 성심으로 헤브론에 이르러 다윗을 온 이스라엘 왕으로 삼고자 하고 또 이스라엘의 남은 자도 다 한마음으로 다윗을 왕으로 삼고자 하여(대상 12:38).

사무엘하 5장에서 자제하던 문제가 역대상에서는 엄청난 의식이 된다. 각 지파에서 싸우는 자가 300,000명 이상이나 참여했으니 말이다(12:23-37).

또 다른 변화는, 온 이스라엘의 왕으로서 다윗의 즉위식과 예루살렘으로 언약궤가 올라가는 이 두 사건 사이의 순서와 관련이 있다. 사무엘하의 사건의 순서는 아래와 같다.

① 예루살렘의 정복- 5:6-10
② 다윗의 궁전과 가족- 5:11-16
③ 블레셋과 두 번의 전투- 5:17-25
④ 언약궤를 시온으로 가져옴(실패함, 첫 번째 시도)- 6:1-11
⑤ 언약궤를 시온으로 가져옴(성공함, 두 번째 시도)- 6:12-19
⑥ 다윗에 대한 미갈의 불평- 6:20-23
⑦ 다윗의 언약- 7:1-29

역대상 13-16장은 다른 순서로 동일한 사건들을 기록한다.

① 언약궤를 예루살렘으로 가져오기 위한 첫 번째 시도- 13:1:14[5]
② 다윗의 궁전과 가족들- 14:1-7
③ 블레셋과 두 번의 전투- 14:8-17
④ 언약궤를 예루살렘으로 가져오기 위한 두 번째 시도- 15:1-16:43[6]
⑤ 다윗의 언약- 17:1-27

이 순서가 역대기와 다르다 할지라도, "승리-집짓기" 패턴은 여전히 명확하다. 야훼가 블레셋을 무찌른 후에야, 그의 보좌는 시온으로 오른다. 게다가, 역대기는 언약궤 행렬과 시온의 장막 안에 언약궤의 확립/안착에 관하여 더 많은 정보를 포함하고 있다. 레위 사람들의 이름이 길게 나열되고(15:1-24; 16:4-6, 37-38), 사무엘하에서는 언급조차 않던 다윗 예배 안의 음악의 역할이 강조된다.

이러한 변화들의 몇 가지 효과는 눈여겨볼 만하다.

우선, 역대기 사가는 사무엘하에 비해서 다윗에 대해 긍정적인 모습을 더 일관성 있게 제시한다. 비록 사무엘하의 묘사가 일반적으로 호의적이라 할지라도, 사무엘서의 저자는 다윗의 죄를 거리낌 없이 기록한다. 역대기가 보여주는 더 긍정적인 방식은 역대기

---

[5] 다윗의 예루살렘 정복은 11:4-7에 묘사된다. 그 안에서 이스라엘을 통치할 다윗의 즉위식을 묘사한다.
[6] 역대상 15-16장은 단일한 텍스트 단위를 형성한다. 15장은 언약궤의 운반과 관련해서 레위 사람들에게 가르침을 주는 다윗과 함께 열린다(15:1-15). 그리고 16장은 시온과 기브온 안의 두 성소에서 레위 사람들과 제사장들에게 책임을 할당하는 것으로 끝난다. 더 나아가, 그 단락은 이스라엘의 모임과 더불어 시작하고(15:3), 해산으로 끝난다(16:43).

사가의 몇 가지 미묘하고 자세한 처리에서 분명해진다.

예를 들어, 사무엘하 23장에 있는 용사들의 목록은 '헷 사람 우리아'로 끝난다. 이것은 밧세바와 다윗의 범죄에 대한 강력한 기억이다. 이것은 이후의 장에서 더욱 발전된 다윗의 범죄 이야기에 대한 서론 역할을 한다.

대조적으로, 역대상 11장에 기록된 용사들의 유사한 기록에서 우리야의 이름은 그 목록 한가운데에 묻혀 버린다(41절). 그에게 특별한 관심이 없다. 비슷하게, 역대상 20장은 사무엘하 11장의 언어적 반복으로 거의 시작한다.

> 그 해가 돌아와 왕들이 출전할 때가 되매(삼하 11:1; 대상 20:1).

사무엘하 11:1은 "다윗은 예루살렘에 그대로 있더라"는 진술로 끝난다. 11장의 나머지 부분과 12장의 많은 부분은 다윗의 간음과 살인 이야기를 기록한다.

역대상 20:1은 이 문장을 더한다.

> 요압이 랍바를 쳐서 함락시키매(대상 20:1).

이것은 다윗의 범죄 후인, 사무엘하 12:26의 진술과 비슷하다. 이 단일한 구절—역대상 20:1—안에서, 역대기 사가는 사무엘하 11장의 시작에서 사무엘하 12장의 끝으로 뛴다. 다시 말해, 그는 밧세바와 우

리야에 대한 이야기 전체를 무시한다.[7]

이러한 변화의 다른 효과는 다윗 통치에 대한 강조점을 바꾸는 것이다. 사무엘하에서, 다윗은 주요하고 위대한 전사이자, 왕이다. 밧세바와의 범죄 이전에, 사무엘하는 이스보셋에 대한 다윗의 승리, 예루살렘 정복, 블레셋에 대한 두 번의 승리, 모압, 암몬, 아람, 또 다른 그의 승리를 기록한다(삼하 2-5장, 8장).

이 많은 자료는 역대기에 반복되지만, 역대기 사가는 다윗의 활동에 대한 또 다른 묘사 속에 한 명의 전사로서의 그의 삶을 단단히 박아 놓는다. 결과적으로 전사-왕으로서의 다윗은, 또 다른 역할에 이차적인 위치를 취한다. 특별히, 중요한 위치로 부각되는 것은, 성전의 궁극적인 건축을 위해 준비하는 다윗의 노력이다. 사무엘하는 사실상 이것에 대한 정보가 없다.

사무엘하 8:11은 다윗이 전리품을 하나님께 바친 것에 대해 말하지만, 드린 전리품들이 어떻게 사용되었는지 그 구절에서 명확히 하지 않는다. 역대기의 다윗은, 심지어 솔로몬 이상으로, 성전 건축자로서 나타난다.

---

[7] 이것은 철저히 더러운 것을 가리려는 것처럼 보이지만, 그건 아니다. 비록 역대기 사가가 밧세바를 언급하지 않지만, 그는 몇 세기 동안 사무엘서를 소유할 포로 후기의 이스라엘을 위해 기록하고 있다. 덮어버리는 것이 그의 의도였다면, 너무 늦어 버려서 다윗의 평판을 청소하지 못한 것이 된다. 역대기 사가가 덮고 가리는 것을 의도했다면, 그는 그 사건을 단순히 무시하기보다는 오히려 누군가를 향하여 비난을 가하는 방식으로 그 이야기를 전하려 했을 것이다. 빌 클린턴의 수호자들은 침묵으로 모니카 게이트(Monicagate)를 지나치려고 하지 않았다. 그들은 복사기를 가지고 이메일을 보낼 방법을 아는 연로한 공화당 여성들을 비난하는 선택적 기사를 제공했다. 즉 어마어마한 우파의 음모로 말이다.

다윗은 예루살렘에서 이스라엘의 예배를 정초한 사람이다. 다윗은, 그의 장막에서 음악 사역을 위해 레위 사람들과 제사장들을 조직했고(대상 15-16장), 솔로몬이 짓게 될 그 성전에서 사역하도록 레위 사람들을 다시 세우고(대상 23-27장), 솔로몬에게 그 성전의 계획을 전달했고(대상 28:19), 성전을 위한 재료와 건축가들을 모으고, 보호하고, 목록을 만들었다(대상 22:14-16; 29:1-5).[8]

---

8 존 라이트(John W. Wright)가 지적했듯이, 분명하게 다윗의 이스라엘 조직은 정치적일 뿐 아니라 예전적이었다("The Founding Father," esp. 49, 59). 그러나 라이트는 전체적으로 근대적이다. 이는 그가 다윗의 역할을 "이스라엘 내에 참된 예배의 순전한 창시자"와 대조되는 "이스라엘/유대인 국가의 건국의 아버지"로 정하고 있기 때문이다(40). 성전을 건축하는 것은 정치적 행동이다. 다윗의 목표는 야훼가 정한대로 그의 왕국을 조직하는 것이었다. 정치와 예배는 구별될 수 있지만, 고대 이스라엘에서는 분리될 수 없었다. 더욱이, 라이트 자신은 역대기 사가가 다윗 조직의 정치적 시스템의 중심에 레위 사람들의 사역을 두었다는 증거를 제시한다. 그가 지적한 것처럼, 역대상 23:1-2은 세 명의 미래 지도자의 목록을 담고 있다("솔로몬," "이스라엘 모든 방백," "제사장과 레위 사람"). 아래에 제시된 것을 보면, 다윗은 역순으로 각각을 조직하고/지시한다.

> 레위 사람(23:2-26:32)
> 이스라엘의 모든 방백(27:1-34)
> 솔로몬을 향한 권면(28:1-29:30)
> 이처럼, 23-29장의 구조는 다음과 같다.
> 솔로몬이 왕이 되고
> 이스라엘의 방백이 소집되고
> 제사장과 레위 사람이 소집되고
> 제사장과 레위 사람이 조직되고
> 이스라엘의 모든 방백이 조직되고
> 솔로몬이 권면을 받는다.
>
> 라이트의 증거에도 불구하고, 제사장과 레위 사람은 그가 23-29장에서 "정치적" 조직으로 구조적으로 묘사한 것의 중심이다.

이 강조는 우리가 다윗 치세 아래 사건에 대한 역대기 사가의 기사와 사무엘의 그것을 비교할 때 분명해진다. 역대상 21장과 사무엘하 24장은 둘 다 여부스 사람 아라우나의 타작마당을 다윗이 구매한 것에 대해 말한다. 이 장소는 성전 부지가 되지만, 사무엘하에서는 그것에 관해 결코 배우지 못한다. 이 정보는 역대하 3:1에 나온다. 더욱이, 역대상 21장은 사무엘하 24장에서 발견할 수 없는 세부 사항을 포함한다.

다윗이 타작마당에 제단을 쌓고 야훼를 부를 때, "여호와께서 하늘에서부터 번제단 위에 불을 내려 응답하셨다"(대상 21:26). 이 장면은 사무엘하 24장에는 나타나지 않는다. 오히려 레위기 9:24을 상기시킨다. 즉 하나님의 불이 모세의 성막을 봉헌하는 의식과 아론과 그의 아들들을 제사장으로 성별하는 의식의 마지막에 제단 위에 있던 희생 제물을 태웠을 때 말이다.

레위기에서 이것은 야훼가 자신의 집에 거처를 정하시고, 아론의 제사를 받으셨다는 표였다. 그래서 다윗은 야훼의 불이 아라우나의 타작마당에 있던 제물을 불태웠을 때 동일한 메시지를 받았다. 다윗은, 야훼가 거주하실 곳으로써 그분의 불이 이 장소를 정했다는 것을 깨달았다.

> 이는 여호와 하나님의 성전이요 이는 이스라엘의 번제단이라 (대상 22:1).

이 진술은 사무엘하에서는 발견되지 않는다. 이 사건을 통해서 다윗은 야훼가 모리아산 위, 예루살렘에 희생 예배를 인가하셨다는 것을 깨닫는다. 따라서, 사무엘하 24장이 주로 부동산 계약으로 제시된 것이라면, 역대상 21장은 성전-기초의 확립이 된다.[9]

주어진 배경 속에서, 역대기 사가가 솔로몬의 성전 건축을 다윗이 시작했던 그 일에 대한 완성으로 묘사하는 것은 놀라운 일이 아니다. 솔로몬은 "여호와께서 그의 아버지 다윗에게 나타나신 곳, 다윗이 준비했던 곳"에 성전을 건축했다(대하 3:1). 성전 기구들은 "그 부친 다윗이 드린 은과 금과 모든 기구"로 묘사되었다(대하 5:1).

성전은 다윗을 향한 야훼의 약속을 성취한다(대하 6:4-6). 역대기 사가에게, 다윗은 전사가 아니라 예배자이며, 영웅이 아니라 신비로운 의식을 주관하는 사제다.

2. 다윗, 새 모세

역대기는, 이 모든 예전적 관심과 일치하도록, 다윗을 새로운 모세로 제시한다. 새로운 모세인 다윗은 위대한 선지자이며, 이스라엘 예배의 공동 설립자다.[10] 역대기가 성전을 위한 다윗의 준비에 많은 분량을 할애하고 있다는 단순한 사실은 모세와 병행을 일으키기에 충분하다.

이는 모세에게 주신 수많은 계시가 성막, 기물들, 예배와 관련되어

---

[9] 창세기 23장에서 아브라함이 막벨라 굴을 구매한 사건의 빛 안에서 사무엘하 24장의 중요성을 토의하기 위해서는 나의 사무엘서 주석, *A Son to Me*를 보라.
[10] 특히, De Vries, "Moses and David Cult Founders"를 보라.

있기 때문이다(출 25-31장; 35-40장; 레위기; 민 3-9장). 모세처럼, 다윗은 제사장과 레위 사람들에게 책임을 부여한다. 모세처럼, 다윗은 야훼의 집을 위한 "모양"(pattern)을 받았다(출 25:9, 40, ;26:30; 대상 29:19). 모세처럼, 다윗은 야훼의 집에서 봉사하기 위해 그의 원수들의 전리품을 풍성히 확보한다.

역대기 사가는 이스라엘의 예배를 위해 권위 있는 자세한 설명으로써 다윗의 계명과 규례에도 호소한다.[11] 이것은 역대기가 모세의 예전적인 권위를 전복시키려고 하는 말이 아니다. "모세가 명령한 대로"라는 구절의 반복이 지시하는 것처럼, 모세의 의식법은 왕국시대 전체를 관통하여 이스라엘을 위해 권위 있게 작동한다(대상 6:49; 15:15; 대하 8:12-13; 23:18; 24:6, 9; 35:6).

그러나 모세를 겨냥한 이러한 언급을 따라서, 역대기 사가는 다윗의 예전적인 권위에 대해서도 빈번하게 언급한다. 역대하 8:13-14에서, "섬김을 위한 제사장들의 반열과 레위 사람들의 직분"과 관련된 "다윗의 규례"는 이스라엘의 절기와 관련된 "모세의 명령"과 나란히 한다.[12]

비슷하게, 역대하 23:18에서 언급한다.

> 여호야다가 여호와의 전의 직원들을 세워 레위 제사장의 수하에 맡기니 이들은 전에 다윗이 그 반열을 나누어서 여호와의 전에서 모

---

[11] 위와 같은 책임. 또한,, John W. Kleinig, *The Lord's Song: The Basis, Function, and Signification of Choral Music in Chronicle* (JSOT Supplement # 156: Sheffield: JSOT Press, 1993), 28-29.

[12] 역대하 8:14에서 의미심장하게도 "하나님의 사람"이라는 모세의 호칭이 다윗에게 주어진다.

세의 율법에 기록한 대로 여호와께 번제를 드리며 다윗이 정한 규례대로 즐거이 부르고 노래하게 하였던 자들이더라(대하 23:18).

요시야가 유월절을 축하할 때, 그는 레위 사람들에게 "너희는 이스라엘 왕 다윗의 글과 다윗의 아들 솔로몬의 글을 준행하여 너희 족속대로 반열을 따라 스스로 준비하고"(대하 35:4)라고 가르쳤다. 요시야의 유월절에 레위의 노래하는 자들은 "다윗과 아삽과 헤만과 왕의 선견자 여두둔의 명한 대로 자기 처소에" 있어야 했다(대하 35:15).

다윗이 새로운 모세라면, 솔로몬은 새로운 여호수아다. 성전-건축은 정복 전쟁에 암묵적으로 비유된다.[13] 다윗이 "강하고 담대하라"고 자주 솔로몬에게 격려한 것은(대상 22:13; 28:10, 20), 후계자 여호수아를 향한 모세의 격려를 반복한다(수 1:7, 9, 18; 신 31:6-7, 23을 보라).[14] 모세를 통하여 전달된 하나님의 말씀에 여호수아가 매달려야 했던 것처럼, 솔로몬은 "네 아버지 다윗의 행함 같이" 하나님이 주신 계명의 길을 걸어가야만 했다(왕상 3:14; 9:4).

다윗이 새로운 모세이며, 새로운 "의식"(cult)의 기초를 확립한 사람이라는 개념은 다윗의 장막에 대한 몇 가지 특징들을 설명하도록 도와준다. 출애굽 한 이후, 모세는 진 밖에 회막을 세웠고(출 33:7-11),

---

[13] Wright, "The Founding Father." 57을 보라.
[14] 다윗의 권면은 이유가 분명하지 않다. 솔로몬이 어떤 위협에 직면하고 있었기 때문에 그러한 격려를 했을까? 부분적이지만, 그 권면은 성전이 정복 전쟁의 결론이며 최종적인 행위라는 사실을 강조한다. 그러나 다윗의 권면은 포로 후기의 역대기의 원래의 독자들에게 가장 직접적으로 적절했을 것이다. 이는 솔로몬과 달리, 그들은 자신들을 둘러싸고 있는 열방의 위협 아래서 성전을 재건했기 때문이다.

그 후에 성막을 조직하고 제사장들에게 그것을 돌보도록 맡겼다. 비슷하게, 다윗은 출-블레셋(exodus from Philistia) 한 이후, 시온에 장막을 세우고, 성전을 조직하고, 결국 제사장들에게 그것을 맡겨 돌보도록 했다.

또한, 모세가 회막에서 직접 야훼와 대면했듯이, 다윗도 시온의 장막에서 직접 야훼를 대면했다(3장을 보라). 다윗과 모세 사이의 병행이 치밀하지 않지만, 각각의 경우, 성소가 두 단계로 세워진다. 포로 후기 시대에도 이 순서가 반복된다. 성전이 완성되기 약 20년 전에 제단이 회복된다(에 3:1-6; 4:24; 6:13-18). 살펴보겠지만 성소에 관한 이 연속적인 순서는 새 언약 안에서 궁극적인 결실을 맺게 될 것이다.

3. 세상의 중심에서 노래하다

다윗의 통치에 관한 역대기 사가의 설명이 역대상 11장에서 시작되고 있지만, 주요 주제들은 이 책의 처음 열 장에서 이미 그 신호를 보냈다. 그것은 역대기 사가의 예전적 관심의 초점이 무엇인지 구체화한다. 잘 알려진 것처럼, 역대기는 아홉 장에 걸쳐서 계보로 시작한다(여기에 기도도 포함시키면 좋겠다). 이 장들이 단지 족보 이상은 아니라고 말할 수 있지만, 거기에는 수많은 신학적인 핵심 이슈가 소개되고 있다.

역대상 1장의 절반은 아담과 아브라함 사이의 세대를 기록하고 있다(대상 1:1-27). 윌리엄 존스톤이 지적한 대로, 이것은 "인류라는 전체 가족의 문맥 안에서 아브라함의 자손들"을 배치하고 있다. 더욱이 이 족보 속에 있는 내러티브의 간략한 파편들은 인류의 역사가 시작부터 잘못된 출발과 실패한 재출발의 패턴으로 특징화된다는 사실을 강조한다. 니므롯, "세상에서 첫 영걸"은 세상에 편만한 폭력을 보여주며(10절), 한편 "땅이 나뉘었음"에 대한 언급은 홍수 후에 열방들 가운데 있었던 갈등을 기억나게 한다(19절).

이스라엘이 역대기 사가의 역사 속으로 등장하기 전에, 죄의 가장 중요한 결과 중에 어떤 것이 드러난다. 이 문맥 속에서, 이스라엘의 부르심은 분명하다. "전체로서 이스라엘은 인류가 할 수 없는 것을 인류를 위해 실현해야 한다."[15]

더 나아가, 이스라엘의 지파적 계보에 대한 배열은 이스라엘이 이방 세계를 특징짓는 악을 어떻게 다루어야 하는지를 보여준다. 제임스 B. 조던은 전체로서 계보가 교차대칭적으로 배열되어 있음을 제안한다.

   A. 이스라엘의 뿌리: 1:1-2:2

      B. 유다: 왕의 지파: 2:3-4:23(시므온이 첨가, 4:24-43)

         C. 트랜스요르단 지파들(요단강 동편): 5장

            D. 레위: 6장

         C.' 시스요르단(요단강 서편): 7장

      B.' 베냐민-왕의 지파: 8장

---

[15] Johnstone, "Guilt and Atonement," 126-127. 물론, 전체로서 역대기는 이스라엘이 이 과업에 참혹하게 실패했음을 보여준다. 이스라엘의 부르심을 성취하기 위해서 새로운 이스라엘을 취할 것인데, 그 새로운 이스라엘은 예수라 불러질 것이다.

A.' 예루살렘: 9:1-34
　① 유다: 3-6절
　② 베냐민: 7-9절
　③ 제사장들: 10-13절
　④ 레위 사람들: 14-34절[16]

특히 여기서는 레위 사람들의 위치가 주목할 가치가 있다. 즉 그들이 이 구조의 중심에 있다. 레위 사람들은 세상-족보가 방향을 트는 경첩이다. 또한, 레위 사람들은 족보의 절정에서 다시 나온다. 이처럼 아담의 인류는 예루살렘 안에 있는 레위 사람들의 사역 속에 가장 충만하게 드러난다.

예배는 인류의 목표이며, 또한 예배는 이스라엘이 열방 가운데서 자신의 사명을 실현하는 방편이다.

구조적으로, 레위 사람들에 대한 강조는 더 구체적으로 명시된다. 이는 6장에 있는 레위의 족보가 그 자체로 교차대칭적이기 때문이다.

---

[16] James B. Jordan, "1 Chronicle and Levites" (Lecture Notes to the Eleventh Annual Biblical Horizons Summer Conference, 2001), 12. 강의와 노트는 Biblical Horizons, P. O. Box 1096, Niceville, Florida, 32588에서 구입 가능하다. 유사하게 존스톤(Johnstone)은 이스라엘의 계보를 교차대칭 구조로 배열한다. 이것도 레위가 중심을 이룬다.
A. 남쪽 지파: 유다와 시므온
　B. 북쪽 지파: 르우벤, 갓, 므낫세 반
　　C. 레위
　B.' 북쪽 지파: 잇사갈, 베냐민, 납달리, 므낫세 반, 에브라임, 아셀
A.' 남쪽 지파: 베냐민
"Guilt and Atonement" 128을 보라.

  A. 제사장들: 6:1-16
    B. 레위 사람들: 6:17-30
      C. 레위 사람들의 찬양대: 6:31-47
    B.' 레위 사람들의 일반적인 사역: 6:48
  A.' 제사장의 라인: 6:49-53[17]

이처럼 세상 역사에 대한 역대기 사가의 계보 요약의 가장 중요한 부분은 레위 사람들의 목록이다.

"언약궤가 평안을 얻었을 때에 다윗이 여호와의 성전에서 찬송하는 직분을 맡긴 자들은 아래와 같았더라"(6:31).

일반적인 예배가 아니라, 특별한 음악 예배, 찬송의 예배다. 이것이 역대기 사가의 가장 중요한 관심이다. 족보의 문맥 속에서, 레위의 찬송에 대한 초점은 인류의 역사 속에 음악의 역할에 관한 큰 요점을 만든다. 즉 아담의 인류는 찬송을 위해 창조되었고, 그것은 위대한 레위 찬양대를 겨냥한다. 찬양은 아담적 인류가 이 목적에 도달하게 하는 수단이다(혹은 수단 중의 하나다).

이러한 방식으로 족보들은 역대기의 나머지 부분 전체를 통해, 특히 다윗의 통치 대한 기사 안에서 발견되는 음악에 대한 강조를 기대하게 한다. 다윗의 치세 아래서, 다윗의 장막에서, 이스라엘은 새 아담의 인류에 대한 종말론적 찬송을 부르기 시작한다.

---

[17] 이 개요는 "1 Chronicle and Levites," 14에 있는 조던의 개요를 약간 수정한 것이다. 제6장의 나머지 부분은 레위의 씨족을 따른 레위 사람들의 정착지들(도시들)의 목록이다(54-81절).

다윗의 통치 안에서 찬송이 시작되는 이유는 다윗 장막의 종말론적인 특징들을 탐구할 때 분명하게 될 것이다. 다음 장에서 구체적으로 탐구해 보자.

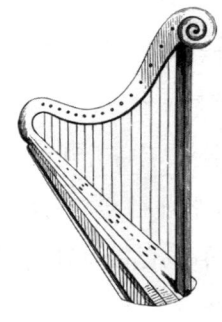

From Silence To Song

제3장

제사장과 레위 사람
(Some for Priests and Levites)

다윗은 언약궤를 예루살렘으로 옮겼다. 그때 그는 준비한 "장소"에 그것을 두었다. 사무엘하 6:17과 역대상 15:1, 이 두 구절에서 사용된 **"자리"**(*maqom*)라는 단어는 중요한 사실을 반영한다. 신명기 12장 전체는, 하나님이 이스라엘에 안식을 주신 후에 자신의 이름을 두시려고 택하신 "곳"이라 말한다(3, 5, 11, 13-14, 18, 21, 26절). 신명기의 또 다른 구절에서 그곳은 절기를 축하하는 "장소"로 묘사된다(14:23-24; 16:6, 11, 15).

모세의 성막이 이동 가능하며 임시적이었던 것과는 반대로, 그 처소는 하나님의 거처를 위한 고정된 곳을 의미한다. 신명기의 이 구절들 제외하면, 이 단어는 모세오경에서 자주 사용되지 않았다. 이스라엘이 광야 생활을 하는 동안, 성소는 정해진 장소가 아니라, "여기저기로" 여행할 수 있는 어떤 것이었다.

사무엘하 6:17과 역대하 15:1이 이 단어와 더불어 다윗 장막의 위치를 묘사할 때에는 두 가지 사실을 말한다.

첫째, 시온으로 언약궤가 올라간 것은 신명기 12장의 약속을 성취한 것이다.

다윗의 장막에 야훼의 보좌가 놓여 졌다는 것은, 그가 택하신 곳에 그의 이름을 두셨다는 것을 의미한다.

둘째, 이 "장소"는 야훼의 집을 위한 영구적이며 고정된 장소였다.

언약궤가 "그곳"에 놓이고 더이상 "여기저기로" 옮겨가지 않을 것이다.

야훼는 시온에 쉴 곳을 얻으셨고 다시 움직이지 않으신다(시 132:13-14). 따라서 신명기가 암시하는 것은, 언약궤의 안착이 언약궤 이야기의 마침표를 찍는 것임을 시사한다. 시온을 향한 그 행진은 하나의 "종말"이었다. 다윗이 신나게 춤을 춘 것은 놀랄 일이 아니다.

"하나의" 끝이지, "최종적인" 끝은 아니다. 이는 언약궤가 솔로몬의 성전, 곧 그것을 위해 준비된 또 다른 "장소"로 다시 이동했기 때문이다(대하 3:1; 5:2-10). 요컨대, 언약궤 이야기에서 우리는 이중적인 종말을 발견한다.

언약궤가 시온에 도착했을 때, 최종적인 끝이 이미(already) 도래했지만, 동시에, 그 끝은 아직 도달하진 않았다.(not yet come) 시온이 "최종적인" 끝이 아니라 "하나의" 끝이라는 사실은 다윗 장막의 종말론적인 중요성을 취소하지 못한다.

언약궤가 시온에 있는 그 장소에서 모리아에 있는 또 다른 장소로 옮겨 간 것이 아니다. 오히려 "시온"이 "모리아"에 옮겨진 것이다. 즉 언약궤-장막이 더 영광스러운 성전 속으로 융합된 것이다. 야훼는 당신의 처소에서부터 움직이지 않고 오히려 야훼와 함께 그 처소를 옮겨 간 것이다.

그래서 신명기가 암시하고 있는 것은 타마라 에스케나지의 해석을 지지한다. 즉 언약궤가 시온으로 올라간 것은 "지구적," "우주적인" 엄청난 규모의 사건이었다. 또한, 다윗 장막의 많은 특징은 이러한 차원을 강조한다. 이 장에서 살펴보겠지만, 다윗의 장막은 새 언약 예배의 중대한 특징에 대한 역사적 견본(prototype)이었다.

1. 처음 장막

건축학적으로, 다윗 장막은 모세의 장막과 현저한 차이가 있다. 모세 성막은 세 부분으로 나누어져 있다. 그것은 성소의 뜰, 성소, 지성소다. 각 "방"은 특별한 가구로 채워져 있다. 대조적으로, 다윗의 장막에는 오직 언약궤만 있다. 성경은 성전 바닥 계획을 제공하지 않고, 성전이 분리될 수 없는 하나의 장막이었다는 여러 가지 증거를 지시하고 있다.

살펴보겠지만, 이러한 건축학적인 특징―다윗 장막이 가구 한 점을 가진 방 한 칸이라는 사실―은 다윗 장막의 신학적인 심오함에 중요한 실마리를 준다.

다윗 장막이 가구 한점뿐인 단칸방이었다는 것을 어떻게 알 수 있는가?

부분적인 증거는 부정적이다. 성경은 성소 내부에 구별된 방들에 대하여 결코 말하지 않는다. 단지 언약궤가 거기에 놓여 있었다고 말한다(삼하 6:17; 대상 15:1). 그러나 긍정적인 증거도 있다. 그곳에 있는 유일하고 주요한 가구는, 언약궤, 곧 야훼의 보좌였다. 그는 거기 그룹들의 펼친 날개 위에 앉으셨다. 이것은 매우 분명하다. 역대상 16:39-40은, 다윗이 기브온의 산당에서 야훼의 성막의 직무를 맡은 사독 계열의 제사장들을 남겨 놓았다고 알려준다.

> 항상 아침, 저녁으로 번제단 위에 여호와께 번제를 드리되 여호와의 율법에 기록하여 이스라엘에게 명령하신 대로 다 준행하게 하였고(대상 16:40).

모세의 성막이 기브온에 있고, 시온에 있지 않다면, 그것이 의미하는 바는, 모세 성막의 나머지 가구들(물두멍, 진설병 상, 등대, 분향단)이 기브온에 있었다는 말이다. 다윗이 성소의 또 다른 가구를 만들지 않았다면—그가 그랬다는 기록은 없다—기브온에 있지 않은 유일한 것은 언약궤였다.

한 구절이 시온에 있는 언약궤-장막에 다른 "기구"(Keli)가 있었음을 지적한다. 솔로몬이 시온에서부터 모리아로 언약궤를 옮겨 갔을 때, 그가 언약궤와 "모든 거룩한 기구를 메고 올라갔다"고 기록한다(대하 5:5). 하지만 그것에 대한 목록이나 기록은 없다. 언약궤가 성전에 놓여졌을때, 그 집은 이미 제단, 놋 바다, 물두멍 열 개가 비치되어 있었다. 이뿐 아니라, "황금 제단, 임재의 떡 상들, 순금 등대, … 순수한 금으로 만든 꽃, 등잔, 부젓가락, 불집게, 주발, 순가락, 불 옮기는 그릇"이 있었다(대하 4:1-22).

역대하 5:5에 나오는 "거룩한 기구"는 악기들에 대한 언급이었을 가능성이 있다. 4장에서 살펴보겠지만, 동일한 히브리어 단어가 음악적인 도구나 불집게, 삽, 갈고리와 같은 희생 제사 도구에 사용되었다. "거룩한 기구"가 무엇이었던지 간에 그것은 출애굽기 25-40장에 묘사된 것 같은 큰 규모의 물건은 아니었다. 이는 언약궤가 도착하기 이전에 이미 성전에는 기구들이 채워져 있었기 때문이다. 이것은 다윗 장막에 있는 유일한 가구는 언약궤뿐이었음을 의미한다.

다음으로, 이것은 장막의 방이 하나였다는 것을 확인해 준다. 모세의 전체 성막 시스템은 "등급이 나눠진 거룩"(graded holiness)의 패턴에 따라 조직되어 있다.¹ 성막 내부의 다른 공간들은 각기 여호와의 임재로부터 다양한 거리였기 때문에 거룩에 대해 서로 다른 강도를 소유하고 있었다. 더욱이, 각 방 안의 가구들의 가치는 그 방의 거룩의 정도에 상응했다. 놋 재단은 금 향단에 비해서 가치가 낮았다. 금으로 입힌 나무로 만들어진 금 향단은 순금의 덮개와 그룹을 가진 언약궤보다 낮은 가치였다. 가치의 등급은 거룩의 등급과 일치했다.

이스라엘의 평신도들은 놋 제단에 접근하거나 접촉하는 것이 허락되지 않았고, 오직 제사장들만이 사역했던 성소 안에 있던 금 제단은 결코 쳐다볼 수도 없었다. 심지어 제사장들도 언약궤를 보거나 거기에 접근하지 못했다.² 다윗의 언약궤-장막은 언약궤 외에 다른 것이 없었기 때문에 분명히 가구 간의 등급이 없었다. 이것은 공간적인 배

---

1 모세의 시스템에 대한 탁월한 검토를 위해서, Philip Peter Jenson, *Graded Holiness: A Key to the Priestly Conception of the World* (Sheffield: Sheffield Academic Press, 1992)을 보라.
2 더 나은 토론을 위해서, Menahem Haran, *Temple and Temple-Service in Ancient Israel: An Inquiry into Biblical Cult Phenomena and the Historical Setting of the Priestly School* (Winona Lake, Ind.: Eisenbrauns, 1985), 158-165을 보라. James B. Jordan, "From Glory to Glory: Degrees of Value in the Sanctuary," Biblical Horizons Occasional Paper, available from Biblical Horizons, P.O. Box 1096, Niceville, FL 32588.

열상의 등급도 없음을 뜻한다. 더(혹은 덜) 가치 있는 가구가 없고, 더 (혹은 덜) 거룩한 장소가 없으니, "성소"와 "지성소"의 차별이 없었다.

다윗의 장막이 분리되지 않았다는 사실은 가장 도드라진 특징 중 하나다. 히브리서 9장에 따르면, "첫 장막"(성소, 2절)과 "둘째 장막"(지성소, 3-5절)으로 모세의 성막이 분리된 것은 옛 언약 아래에 있는 이스라엘의 상태에 대한 건축학적인 비유다.

> 성령이 이로써 보이신 것은 첫 장막이 서 있을 동안에는 성소에 들어가는 길이 아직 나타나지 아니한 것이라 이 장막은 현재까지의 비유니 이에 따라 드리는 예물과 제사는 섬기는 자를 그 양심상 온전하게 할 수 없나니 이런 것은 먹고 마시는 것과 여러 가지 씻는 것과 함께 육체의 예법일 뿐이며 개혁할 때까지 맡겨 둔 것이니라 (히 9:8-10).

모세의 성소 안에 있는 "첫 장막"의 존재는 이스라엘이 하나님의 임재로부터 거부되었다는 사실을 지적한다. 실제로, 첫 장막의 존재는 이러한 차단을 강화한다. 이는 하나님의 영광이, 성막의 내소(inner room, 지성소)에 감추어져 있었고, 첫 장막이라는 순전히 물리적인 공간으로 그 백성들로부터 분리되었기 때문이다.

반대로 다윗 장막은 분리되지 않았고, "첫 장막"이 없다는 그 사실은, "성소로 들어가는 길"이 다윗의 때에 열였음을 시사한다. 다윗 장막은 하나님의 위대한 아들의 그 분리되지 않은 성소를 내다본다. 그 아들의 죽음이 성전을 분리했던 그 휘장을 찢어버렸고 성소로 가는 길을 활짝 열어 놓았으니 말이다.

2. 언약궤 앞

히브리서 기자의 추론을 따르면, 다윗 장막이 모세의 성막보다 야훼께 더 가까이 접근할 수 있음을 기대할 수 있다. 이러한 기대는 불만족스럽지 않다. 역대상은 여러 곳에서 레위 사역자들의 지위를 묘사한다.

> (다윗이) 또 레위 사람을 세워 **여호와의 궤 앞에서** 섬기며 이스라엘 하나님 여호와를 칭송하며 감사하며 찬양하게 하였으니(대상 16:4).

> 제사장 브나야와 야하시엘은 항상 **하나님의 언약궤 앞에서** 나팔을 부니라(대상 16:6).

> 다윗이 아삽과 그 형제를 **여호와의 언약궤 앞에** 머물러 항상 그 궤 앞에서 섬기게 하되 날마다 그 일대로 하게 하였고(대상 16:37).

놀랍게도 모세의 율법에서는 이러한 표현들이 제사장이나 레위 사람에게 결코 사용된 적이 없었다. "언약궤 앞"이라는 말은 출애굽기 40:5에 나타나지만, 성소의 금 향단이 위치한 그 장소를 언급한다. 심지어 대제사장이 피를 뿌리기 위해 지성소로 들어가는 대속죄일을 묘사하는 레위기 16장도 제사장이 "언약궤 앞"으로 들어갔다고 말하지 않는다.

이 장은 오직 단 한 번 언약궤를 언급하는데(2절), 대제사장이 "언약궤 위 속죄소 앞에서" 사역했으며(2절), "속죄소 동쪽과 속죄소 앞에서 피를 뿌렸다"고 말한다(14절). 심지어 대제사장이 주님의 보좌에 미칠 만큼 그렇게 가까이 다가갈 때도, 대제사장이 "언약궤 앞에서" 사역하는 것으로는 묘사하지 않는다. 물론 누구도 대제사장만큼 근접할 수 있는 사람은 없었지만, 중요한 의미에서, 역대상 25장은 성전에서 찬양을 맡은 사람들과 음악가들의 사역을 묘사할 때, "언약궤 앞에서"라는 표현을 사용하지 않는다.

오히려 레위 사람들은 "여호와의 전"을 섬기도록 지명되었다(6절). 하지만 다윗 장막에서는 중요도가 낮은 레위 사람들도 "언약궤 앞에서" 사역했다. 이 위치는 다윗 장막의 독특한 점이다. 즉 옛 언약 속의 이스라엘이 "언약궤 앞에서" 예배할 수 있었던 특권은 전에도 없었고 결코 다시 없을 것이다.[3]

레위 사람뿐 아니라, 다윗도 장막과 그 내부의 언약궤에 접근하는 것이 아주 자유로웠다. 언약궤가 시온에 온 후로, 다윗은 야훼를 위한 영구한 집으로서 성전을 건축하려고 했다. 그러나 하나님은 나단을 통하여 너의 아들이 그 계획을 완성할 것이라고 다윗에게 알려 주셨다. 나단을 통한 하나님의 약속을 들은 후에, 다윗은 "여호와 앞에 들

---

[3] 레위 사람들이 다윗의 장막과 관련하여 어디에 위치해 있었는지는 정확하지 않다. 아마도 그들은 장막 밖에서 그들의 사역을 수행했을 것이다. 그러나 이것은 "언약궤 앞"이라고 묘사되어야 할 정도로 충분히 가까운 위치였다. 그렇지 않다면, 그 장막이 충분히 커서 레위 사람들에게 충분한 공간을 제공하는 것이 가능했다는 말이 된다. 그렇다면, 그들은 문자 그대로 "언약궤 앞에서" 예배를 드렸다. 하지만, 언약궤를 보는 것에 대한 율법이 바뀌지 않았기 때문에, 시온에 놓여져 있는 그 시기 동안에는 언약궤는 가리워 있었음이 확실하다. 레위 사람들이 언약궤 앞에서 섬겼다 할지라도, 그들은 결코 언약궤를 볼 수 없었다. 비록 그것이 놀라운 사실이지만, 다윗 언약은 여전히 옛 창조의 일부였다.

어가 앉았다"(삼하 7:18; 대상 17:16).

그가 어디로 갔다고?

확실히, 실내의 어떤 장소에 있었다. 그런데 그 장소가 "여호와 앞"이었다. 야훼 앞에 앉기 위한 가장 명백한 장소는 장막 내부, 곧 언약궤 앞이었다.

이것은 역대상의 주변 문맥에서, "여호와 앞"과 같은 문장의 용례에 의해 확인된다. 언약궤가 예루살렘에 올 때다,

> 다윗과 이스라엘 온 무리는 하나님 앞에서 힘을 다하여 뛰놀며 노래하며 … 연주하니라(대상 13:8).

여기서 하나님 앞은 "언약궤 앞"을 의미한다. 웃사가 언약궤를 만졌을 때, 그는 "하나님 앞에서 죽었다"(13:10). 이것은 문자적으로 언약궤 앞이다. 다윗이 번제와 화목제를 시온의 언약궤-장막에서 드린 것은 "하나님 앞"에서 한 것으로 묘사된다(16:1).

이처럼 다윗이 "하나님 앞"으로 들어갔을 때, 그는 장막 안으로 들어가 야훼의 보좌 앞에 앉았다. 이후에, 솔로몬의 궁전은 성전-단지(temple-complex)로 통합된다. 그것은 다윗 왕권의 영원한 상징이다. 언약궤-장막은 이처럼 야훼의 임재의 표시일뿐만 아니라, 다윗 왕의 지위를 상징한다. 새 모세로서, 다윗은 야훼 앞으로 들어갈 수 있었고, 그분과 "얼굴과 얼굴을 맞대고" 이야기할 수 있었다. 새 아담으로서, 야훼의 "아들"로서, 다윗은 자신의 아버지를 알현할 수 있었다. 하나님의 기름 부음을 받은 자로서, 다윗은 아버지 우편에 즉위했다.

케빈 코너(Kevin Conner)는 실제로 다윗의 장막이 두 개가 있었다

고 주장한다.[4] 코너는 언약궤-장막을 "다윗의 예배 장막"(David worship tabernacle)이라 부르고, 덧붙여, "다윗의 왕국 장막"(David Kingdom tabernacle)에 관하여 말한다. 이 왕국 장막에서 다윗이 재판관과 통치자로서 즉위했다는 것이다.

다시 말해, 예전적 장막과 정치적 장막이 있었다는 말이다. 이 개념을 지지하기 위해 코너(Conner)는 이사야 16:5을 인용한다.

> 다윗의 장막에 인자함으로 왕위가 굳게 설 것이요 그 위에 앉을 자는 충실함으로 판결하며 정의를 구하며 공의를 신속히 행하리라 (사 16:5).

코너는 주장하기를, 이사야는 "다윗의 왕국 장막," 곧 다윗의 정치 질서의 회복에 대하여 예언한 한 것이지, 다윗의 예전 회복에 대하여서는 직접 말하지 않았다는 것이다.

그러나 다윗이 언약궤-장막의 "여호와 앞에 들어가 앉을 수 있었다"는 사실은 이중-장막에 대한 코너의 주장이 불필요하다는 것을 보여준다. "예배 장막"은 다윗이 야훼의 대리자로서 즉위했던 그 장막이었다.

다윗의 왕국에 대한 회복의 약속은 회복된 다윗 예배에 대한 약속을 포함한다. 또한, 다윗의 예배 회복에 대한 약속은 회복된 다윗 왕국에 대한 약속을 포함한다.

---

[4] Conner, *The Tabernacle of David* (Portland, OR: Bible Temple-Conner Publications, 1976), 7장. "다윗의 장막"이라는 문장이 두 개의 뚜렷이 다른 의미(distinct senses)가 있을 수 있다고 단순히 코너가 주장했는지, 혹은 실제로 두 개의 뚜렷이 다른 장막(distinct tents)이 있다고 그가 믿었는지는 확실치 않다.

3. 온 백성아 여호와를 찬양하라!

시온 장막에 다윗이 즉위하는 것은 가장 높은 왕의 우편에 앉는 것이었다. 그것은 다윗을 향한 야훼의 은혜와 이스라엘에서 그의 높은 지위를 보여준다. 또한, 다윗은 열방 위에 높아졌다. 사무엘하의 기사를 따르면, 다윗은 언약궤를 예루살렘으로 가져오기 전에 이미 여부스족과 블레셋을 정복하였다. 역대상은 중요한 의미에서 다윗이 언약궤를 옮겨오기 위한 첫 번째와 두 번째 시도 사이에 블레셋 전쟁을 기록하고 있다(대상 14:8-17).

그래서 역대상에서 우리는 다음 순서를 발견한다. 우선, 야훼의 보좌를 예루살렘으로 가져가려는 시도가 성공하지 못한다. 다음으로, 다윗은 블레셋과 싸워 이긴다. 그 후, 야훼의 보좌가 시온으로 메어 올라간다. 최종적으로, 몇 장 뒤에 다윗은 "여호와 앞"에 앉는다. 역대기 사가는 이 일에 대한 중요성을 우리의 상상력에만 버려두지 않는다. 그는 블레셋에 대한 다윗의 승리를 기록한 후에, 이렇게 언급하고 있다.

> 다윗의 명성이 온 세상에 퍼졌고 여호와께서 모든 이방 민족으로 그들을 두려워하게 하셨더라(대상 14:17).

시온 위 언약궤-장막은 야훼와 다윗의 국제적인 지위를 상징한다. 이상에서 논의한 다윗 장막의 건축 양식은, 반복해서 말하지만, 유의미한 내용을 가지고 있다. 다른 것 가운데서, 모세 성막의 "등급이 나눠진 거룩"—뜰, 성소, 지성소의 구분—은 옛 언약 안에서 서로 다른 무리 가운데서 거룩의 차별성을 나타낸다. 이것은 대제사장, 제사장, 백성으로 이스라엘 백성을 나눔에 대한 공간적 상징일뿐만 아니라, 더욱이 이스라엘과 이방인들 사이의 분리를 나타낸다. 이방인들은 성막의 뜰에서 희생 제사를 드리는 것이 허용되었지만(민 15:11-16), 그 전체 시스템은 유대인과 이방인의 분리를 나타낸다.

대조적으로, 다윗 장막이 나눠지지 않았다는 사실은 이방인의 참여가 더 수월해졌음을 시사한다. 성전을 나누는 그 휘장의 제거는 야훼의 임재를 향한 큰 진전을 의미했을 뿐 아니라, 상이한 종류의 사람들을 위한 접근이 가능해졌음을 의미한다. 다윗 장막의 건축 양식은 이스라엘의 예배 안에 이방인들이 포함될 것이라는 기대를 하도록 우리를 이끈다.

다시 말해, 우리 기대는 만족스럽다. 이방인들은 다윗 시대 전에 이미 야훼를 섬기기 시작했다. 언약궤는 시온에 도착하기 전에, 한 이방인의 집에서 한 세기를 보냈다. 블레셋 사람들이 일곱 달 동안 언약궤를 붙잡고 있다가 언약궤를 다시 돌려보낼 때, 그들은 그것을 벧세메스로 보냈다(삼상 6:10-12). 그 도시는 아론의 가족이 속한 레위 사람의 도시였다(수 21:16). 벧세메스의 레위 사람들은 언약궤를 "보거나" 혹은 "그 안을 보았다."

그래서 야훼는 율법을 어긴 사람들을 심판하셨는데(민 4:19-20보라), 재앙을 보내어 50,070명을 죽이셨다(삼상 6:10-21).

하나님은 당신의 보좌를 모욕했던 블레셋 사람들을 심판하셨던 것처럼, 블레셋 사람보다 행위가 나을 것이 없었던 이스라엘 사람들을 재앙으로 치셨다. 하지만 벧세메스의 레위 사람들은 회개하지 않고, 블레셋 사람들이 그랬듯이 언약궤를 멀리 보내버리고 말았다.

언약궤는 기브온 족속의 성읍 중 하나인 기럇여아림에 멈추었다 (수 9:17). 기브온 사람들(히위 족속, Hivite)은 여호수아 시대에 이스라엘과 언약을 맺기 위해 이스라엘을 속였던 그 가나안 족속이었다 (수 9:17). 여호수아가 기브온 사람들을 인지했을 때는, 언약을 파기할 수 없었다. 이는 야훼의 거룩하신 이름으로 맹세했기 때문이었다.

이처럼, 기브온 사람들은 멸절당하지 않고 성막을 섬기는 종이 되었다. 그들은 제단을 섬기기 위해 나무를 패고 물을 긷는 일을 하면서 이스라엘 안으로 융합하였다(수 9:27). 특히 기럇여아림은 유다 혹은 베냐민 지파의 영토였다(수 15:9, 60). 갈렙의 자손 중의 하나가 "기럇여아림의 아버지"와 일치한다는 사실은 그 도시가 갈렙의 씨족들에 의해 점령되었음을 시사한다(대상 2:50, 52).

그러나 여전히 그 성읍은 이방인들이 많이 남아 있었고, 본래 이방인의 도시였음이 확실하다. 기브온 사람들이 전에 제단을 섬겼으나 결단코 언약궤를 돌본 것은 아니었다. 사실상, 언약궤를 돌본 적이 있었던 이방인은 아무도 없었다. 일곱 달 동안 블레셋 사람들이 그것을 보살피려 했으나 그들은 그 일에 서툴러 망하고 말았다.

그렇다면 기럇여아림의 기브온 족속은 어떻게 그 일을 감당할 수 있었을까?

특히, 언약궤는 산에 사는 아비나답의 집에 들여졌다(삼상 7:1-2). 그가 이방인이었다는 사실은 거의 확실하다. 구약성경에는 아비나답으로 불리는 이스라엘 사람들이 있다. 다윗은 아비나답이라 불리는 형제가 있었고(삼상 16:8), 사울도 같은 이름의 아들이 있었다(삼상 31:2). 그들 중 누구도 기럇여아림의 아비나답과 동일시할 만한 사람은 없다. 기럇여라임의 아비나답이 이스라엘의 처음 두 왕 중 어느 한 사람과 관련될 가능성이 있다면, 성경이 그 사실에 대해 전혀 언급하고 있지 않은 것 자체가 이해할 수 없는 일이다.

더 나아가, 아비나답의 아들(혹은 후손들), 웃사와 아효(삼하 6:3)는 역대기의 이스라엘 족보 안에서 발견되지 않는다. 레위의 족보 속에 웃사(Uzzah)가 등장하며(대상 6:29), 베냐민 사람 "웃사"(Uzza)는 역대상 8:7에 나온다. 그러나 둘 중에 그 누구도 아비나답이라 불리는 이와는 관련이 없다. 언약궤가 한 세기 동안 아비나답의 집에 머물렀다는 사실을 볼 때, 이스라엘 족보 안에는 아비나답의 일가(一家)가 없다는 것이 확실하다.

기럇여아림의 아비나답은 구약 본문 어디에도 그와 일치하는 이스라엘 사람이 없으며, 그가 기브온 성읍에 거주했다는 것도 그가 이방인이었다는 것을 입증시킨다.

아비나답의 인종적인 기원에 대한 명시적인 정보가 부족하므로 그가 이방인이었다는 우리의 결론은 다소 잠정적이어야 할 필요가 있다. 하지만 그가 이스라엘 사람이었다 할지라도, 레위사람은 아니었다는 것이 확실하다. 역대상 15:2의 다윗의 말에 따르면, 예루살렘으로 언약궤를 가져오려는 첫 번째 시도에서 다윗의 실수 중의 하나는 언약궤를 가져오는 그 일을 레위 사람들에게 맡기지 않은 것이었다.

여호와는 분명히 "레위 사람이 아닌 사람들이 언약궤를 운반하지 못한다"라고 명하셨다. 그러나 다윗은 언약궤를 예루살렘으로 운반하려는 첫 시도에서 "너희가(즉 레위 사람들이) 메지 아니하였다"(대상 15:13). 예루살렘으로 언약궤를 가져오려는 첫 시도에서, 언약궤는 아비나답의 아들, 웃사와 아효에 의해 운반되었다(삼하 6:3). 이렇게 다윗은 아비나답의 아들이 레위 사람이 아니었다는 것을 분명히 밝힌다. 따라서 아비나답도 레위 사람은 아니다.

　율법이 레위 사람과 제사장들에게 언약궤를 지키는 일을 맡겼다 할지라도, 언약궤는 레위 사람도 아니며, 이스라엘 사람도 아닌 아비나답의 보살핌 속에 있었다. 확실한 것은 이 기간 동안 언약궤가 이방인의 도시에 머물렀다는 것이다. 이는 다윗 시대에 기브온 사람들이 이스라엘로부터 분리되어 있었기 때문이다.

> 기브온 사람은 이스라엘 족속이 아니요 그들은 아모리 사람 중에서 남은 자라(삼하 21:2).

　이 기간 동안 언약궤가 레위 사람이 아닌 사람(아마도 이방인)에 의해 보살펴져 이방인의 성읍에 있게 된 것에 대하여 야훼가 불쾌하게 여기셨다는 증거는 없다. 더욱이 사무엘이나 그 외 다른 사람들이 기럇여아림에서부터 언약궤를 가져오려고 노력했다는 증거도 없다. 이 기간은 야훼와 그의 보좌를 섬기는 사역에 레위 사람이 아닌 사람들의 전례가 없던 참여를 증거한다.

4. 블레셋 유수

　다윗이 언약궤를 예루살렘으로 옮겨온 후에 이방인의 참여는 계속 늘었다. 시온으로 언약궤를 가져오려는 첫 번째 시도는 웃사가 언약궤를 만지고 죽었을 때 갑자기 끝나고 말았다. 그 죽음은 순식간에 축제의 흥을 깨뜨리고 말았다. 언약궤를 시온으로 가져오는 것에 두려움을 느낀 다윗은 "가드 사람 오벧에돔"의 집으로 그것을 보냈다(삼하 6:10; 대상 13:13).

여러 가지 증거로 볼 때 이 오벧에돔이 이방인이었다는 것은 확실하다. 그의 이름으로 시작해 보자. 그의 이름은 "에돔의 종"이라는 뜻이다. 이는 그가 이스라엘 사람이라고 생각할 수 없는 이름이다. 더욱이, 그는 "가드 사람"(Gittite)으로 불린다. 이 단어는 그 외 모든 곳에서 블레셋의 거주지인 가드를 언급하는 데 사용되었다.

여호수아 13:3은 블레셋 성읍 중에서 머리가 되는 도시들 가운데 하나로써 가드를 포함한다. 다윗의 호위대 수장이 "가드 사람 잇대"였고(삼하 15:18-19; 18:2). 그래서 그는 다윗에게 자신을 의탁했던 이방인 용병을 이끌었다. 골리앗도 가드 사람으로 불렸는데(삼하 21:19; 대상 20:5), 그래서 다른 곳에서 그는 가드의 블레셋 거인으로 알려졌다(삼상 17:4).

확실히, 또 다른 도시의 이름들도 "가드"와 혼용되었다. 그들 중의 하나가 "가드림몬"(Gath-rimmon)인데, 이곳은 레위 사람의 성읍이었다(수 19:45; 21:24-25; 대상 6:69). 그런데 이 모호한 도시는 오직 레위 사람 성읍의 명단에서만 발견되었고, 다윗의 역사에서는 어떤 역할도 하지 않는다. 설명을 보태지 않고 그 성읍의 거주민을 "가드 사람"(Gittite)이라고 말한다면 혼란을 겪는다.

게다가, 구약성경은 블레셋 가드를 제쳐 두고서 어떤 한 시민의 정체성으로써 "가드 사람"이라는 말을 사용하지 않는다. 요나는 "가드헤벨"(Gath-hepher) 출신이었다(왕하 14:25). 그러나 그는 "가드 사람"으로 묘사되지 않는다. 오히려 그 본문은 "가드헤벨 출신의 선지자"로서 그를 묘사한다.

만일 오벧에돔이 "가드림몬" 출신이었다면, 그는 "가드 사람"과 동일시 되지 않고, "가드림몬 출신 사람"이라 불리었을 것이다. 이처럼 구약의 변함없는 용례는 오벧에돔이 가드 성읍 출신의 블레셋 사람이었다는 것을 입증한다. 언약궤는 짧은 시간 다윗의 소유가 된 후에, 다시 이방인의 손으로 돌아갔다.

예루살렘 주변에 살고 있었던 그 블레셋 주민들은 놀라지 않았다. 블레셋 사람들은 사무엘 시대 이전에 이스라엘의 많은 성읍을 차지하고 있었다(삼상 7:14). 그들은 사울의 죽음 후에 다시 그 성읍들로 돌아왔다(삼상 31:7). 더욱이, 다윗은 그 가드 성읍과 가까운 관계에 있었다. 다윗은 가드 왕, 아기스의 봉신이 되어, 가드 성읍, 시글락 안에서 사울 치세의 마지막 1년 4개월 동안을 거주했다(삼상 27:1-7). 그리고 다윗이 이스라엘로 돌아올 때 가드 사람들의 일부가 그와 동행했다.

이것은 이스라엘과 함께 출애굽 했던 중다한 잡족들과 유사하다. 그렛 사람(Cherethites)과 블렛 사람(Pelethites), 또한 왕을 따라 가드에서 온 가드 사람 600명의 용사들이 있었다(삼하 15:18). 그리고 만약 그 가족들까지 더한다면 숫자가 수천이 되었을 것이다. 오벧에돔은 다윗이 왕이 되었을 때, 이스라엘로 이주했던 이 가드 사람들의 무리 속에 아마 끼어 있었을 것이다.

다윗의 가드 사람 중 일부는 하나님을 경외하는 이방인(Gentile God-fearers)이 되었다. 가드의 아기스는 야훼의 기름 부음을 받은 자로 다윗을 사랑하고 보호했다. 아기스는 다윗을 "하나님의 사자"(angel of God)로 인식했고, 야훼의 언약의 이름으로 그와 맹세했다(삼상 29:6-10).

그렇듯이, 잇대는 왕위 찬탈자 압살롬을 섬기기보다 오히려 유배 길로 들어선 다윗을 따르기로 할 때, 자신의 믿음을 더욱 극적으로 표현하였다.

아기스처럼, 다윗을 절대 포기하지 않을 것이라고 야훼의 이름으로 맹세했다.

> 잇대가 왕께 대답하여 이르되 여호와의 살아계심과 내 주 왕의 살아계심으로 맹세하옵나니 진실로 내 주 왕께서 어느 곳에 계시든지 사나 죽으나 종도 그곳에 있겠나이다 하니(삼하 15:21).

이것은 믿음의 고백이었고, 선명한 제자도의 표현이었다. 이처럼 오벧에돔이 블레셋 사람이었다는 사실은 그가 이교도였다는 것을 의미하지 않는다. 정반대로 그는 블레셋의 회심자였다.

구조적인 인식도 오벧에돔이 이방인이며 블레셋 사람이라고 가리킨다. 『새로운 관점의 구약성경 읽기』(A House for My Name)에서 내가 보여준 것처럼, 사무엘하 6장에서 예루살렘으로 언약궤의 이동에 관한 구절은 사무엘상 4-6장에서 언약궤의 블레셋 포로 기사와 교차대칭적으로 연결된다.[5] 그 개요 안에서, 사무엘상 5-6장 속에 언약궤가 블레셋 유수 상태에 있는 것은 언약궤가 오벧에돔의 집에서 석 달 동안 머문 것과 연결된다.

언약궤가 블레셋에 있는 동안, 야훼는 역병으로 블레셋 사람들을 치셨다. 그러나 대조적으로 법궤가 블레셋 사람 오벧에돔의 집에 있을 때, 그것은 복을 가져왔다.

이처럼, 성경의 구조적 배열은 사무엘하 6장이 블레셋 "유수" 상태로 있었다는 것을 시사한다. 이것은 사무엘상 4-6장에서 장기간의

---

[5] Peter Leithart, *A House for My Name* (Moscow: Canon, 2000), 140-149.

블레셋 유수와 비교된다.

되풀이하면, 이방인이 언약궤와 함께했던 것은 전례가 없던 일이었다. 이스라엘의 광야 시간이나 사사 시대에도 레위 사람이 아닌 어떤 누구가 야훼의 보좌를 보호하거나 돌보았던 적은 결코 없었다. 새로운 어떤 일이 진행되고 있었다. 다윗이 분리되지 않는 그 장막을 준비하고 있을 무렵, 이방인이 언약궤-사역자의 무리에 참여하기 시작했다. 확실히, "지구적"이며 "우주적인" 의미심장한 중요한 사건이 머지않아 일어날 것이다. 하나의 '끝'(eschaton)이 지평선 위에 걸쳐 있었다.

5. 레위 사람 오벧에돔

언약궤가 시온에 돌아와 안착하게 되었을 때 이방인의 관여가 끝이 난 것은 아니었다. 보게 될 테지만 오벧에돔의 이야기는 계속된다. "오벧에돔"은 언약궤 사역자 중에서 역대상 15-16장에 여러 번 언급된다.

먼저, 레위의 사역자 명단에 그 이름이 포함되고, 오벧에돔은 언약궤를 위한 "문지기"(gatekeeper)와 동일시된다(대상 15:18, 24). 같은 장 21절에 다시 그 이름이 나타나는데, 언약궤를 위한 문지기 대신에, 이번에는 한 사람의 음악가다. 언약궤가 다윗의 장막에 놓이자, "오벧에돔과 여이엘"은 "여호와의 궤 앞에서 섬기며 이스라엘 하나님 여호와를 칭송하며 감사하며 찬양하게 하는 사역자"로 임명된 사람 중에 있었다(16:4; 비교 16:38).

마지막으로, 그 이름은 다윗이 성전 창고의 감독관으로 봉사하도록 임명한 레위 사람의 명단이 기록된 역대상 26장에 발견된다(4-5, 8, 15절; 비교 역대하 25:24). 이 구절들이 "오벧에돔"이라 불리던 다른 사람을 언급하고 있을 가능성이 있지만, 그 모든 구절은 오벧에돔을 레위 사람 가운데 포함시킨다. 이어질 논의를 더 분명히 하기 위해서, 나는 그 구절 모두가 동일한 사람에 대한 언급이라고 가정할 것이며, 그를 "레위 사람 오벧에돔"이라 부르도록 하겠다.

또한, 역대기는 가드 사람 오벧에돔을 언급한다(대상 13:13-14; 15:25). 그리고 한 가지 질문이 생긴다.

가드 사람 오벧에돔은 레위 사람 오벧에돔과 같은 사람인가?

그렇게 보이지는 않는다. 결국, 한 사람은 가드 사람이고, 또 다른 사람은 레위 사람이다. 가드 사람 오벧에돔이 블레셋 사람이라는 나의 주장이 설득력이 있다면, 그 오벧에돔이 이스라엘 사람이거나 레위 사람일 가능성은 제거해야 할 것 같다. 사건이 종결되었다.

그럼에도 불구하고, 가드 사람과 레위 사람이 같은 사람일 가능성을 탐구하려는 것은 몇 가지 이유에서 가치가 있다. 문맥상으로, 한 독자가 역대상 15:18의 레위 사람 오벧에돔에 이를 때까지, 이미 그는 가드 사람 오벧에돔을 알고 있는 상태다. 그래서 더 정확한 정체를 밝히지 않고 그 이름이 나온다는 사실은 적어도 혼돈의 여지가 있다. 혼돈의 위험성은 15: 24-25에서 더 분명하다.

즉 24절은 문지기로서 "오벧에돔과 여히야"의 이름을 말하고, 다음 구절은 "오벧에돔의 집"을 언급한다. 25절은 가드사람 오벧에돔이 틀림없다. 그래서 그 이름들의 가까운 병렬은 헷갈리게 하거나 혹은 그들이 한 사람이며 같은 사람이라는 감질나는 암시일 수 있다.

오벧에돔의 참여 없이 언약궤를 그의 집에서 가져왔다면 그것은 이상한 일이 되었을 것이다. 그는 석 달 동안 언약궤를 보살피고, 지키고, 보호했다. 그리고 야훼는 그의 수고에 복을 주셨다.

그런데 어느 날 다윗이 나타나서, 오벧에돔의 수고에 감사하며, 언약궤를 가져나오면서, 잘 있으라며 손을 흔들며 현관에 오벧에돔을 남겨두었을까?

오벧에돔이 지금까지 해 온 일을 계속하도록 예루살렘에 그를 초대하는 것이 자연스럽게 보인다.

왜 언약궤를 성공적으로 보호했던 사람에게 해고 통지서를 보내야 하는가?

특히 얼마 전까지 언약궤를 다루는 일에서 이스라엘은 얼마나 서툴렀는가?

역대기의 더 넓은 문맥에서 보면, 레위의 계보에는 오벧에돔(들)이 없고, 심지어 "문지기" 명단 가운데에도 없음이 분명하다(대상 9:17-27). 물론, 수천의 레위 사람의 이름이 모두 계보에 적히진 않았지만, 계보에서 언급되지 않으면 일반적으로 그 외 어느 곳에서도 언급되지 않는다. 역대상에서 레위 사람 오벧에돔의 상대적인 중요성과 레위 계보에서 그의 완전한 부재(不在) 사이에는 현저한 괴리가 있다.

다윗의 장막 혹은 성전에서 아주 근사한 직무를 가진 또 다른 레위 사람은 그 족보에 포함되었다. 아삽은 시온의 언약궤 앞의 한 사역자로서 레위 사람 오벧에돔과 관련이 있고(대상 16:37), 그는 레위의 계보에도 등장한다(6:39). 물론, 아삽은 다윗 시대에 매우 중요한 레위 사람이었고, 레위 찬양대와 오케스트라의 최고 음악가였다.

그러나 그의 "형제" 육십팔 명과 함께 오벧에돔 역시 중요한 레위 사역자였다-비록 그가 계보에 들지 못했을지라도. 모호한 "여두둔의 아들"도 시온의 언약궤 앞에 있던 레위의 사역자 가운데 포함되었고(16:38), 그의 계보가 제공된다(9:16). 므셀레먀는 성전의 문지기로서의 오벧에돔과 함께 등장하고(대상 26:1-2, 9), 그와 그의 아들 스가랴는 레위의 계보에 기록되었다(9:21), 그가 그 외 다른 곳에서는 언급되지는 않는다 할지라도 말이다.

여러 장에서 훨씬 더 자주 언급되는 오벧에돔이 레위의 계보에 들지 않은 이유는 무엇인가?

아마 오벧에돔이 레위의 후손이 아니어서?

아니면 레위 사람 오벧에돔이 가드 사람이었기 때문이었을까?

마지막으로, 역대상 26장 안에서 레위 사람 오벧에돔에 대한 언급은 여러 가지 면에서 이상하게 표현된다. 그 장은 레위의 아들 고라까지 므셀레먀의 선조를 추적함으로써 시작한다(1절), 그리고 므셀레먀의 아들들의 목록을 제시한다(2-3절). 4절은 오벧에돔을 소개하는데 (멜기세덱과 같이) 계보가 없다.

그가 만일 고라의 아들이었다면, 왜 그것을 말하지 않았을까?

더 나아가, 오벧에돔의 여덟 아들이 기록되었는데(4-5절), 역대기 사가는 "이는(히브리어, *ki*) 하나님이 오벧에돔에게 복을 주셨음이라"(5절)고 설명한다. "Indeed"로 번역되는 '키'(*ki*)는, 역대기 사가가 이미 언급했던 하나의 요점을, 오벧에돔의 아들들의 목록이 확증해 주는 것이다. 내가 만일 "그는 정말(indeed) 좋은 바이올린 연주자다"라고 말한다면, 내가 그의 음악적인 재능에 관하여 이전에도 이야기해 왔다고 당신은 생각할 것이다.

다른 한편으로, 내가 "곡물의 가격이 지독하게 낮다"고 말한 뒤에,

잠시 있다가, 이어서 "그는 정말 좋은 바이올린 연주자다"라고 덧붙인다면, 당신은 대화의 어떤 부분을 놓쳤다고 생각하든지 아니면 내가 좀 이상하다고 생각할 것이다. 레위 사람 오벧에돔의 대가족은 야훼가 오벧에돔에게 복을 주셨다는 역대기 사가의 이전 주장이 사실이라는 것을 확증한다. 그러나 오벧에돔에게 임한 하나님의 복을 말하는 또 다른 유일한 구절은 가드 사람 오벧에돔에 대한 것이다.

> 여호와께서 오벧에돔의 집과 그의 모든 소유에 복을 내리셨더라
> (대상 13:14).

분명히, '키'(*ki*)는 접속사로 번역될 수 있다. 그래서 이 구절은 "왜냐하면 하나님께서 그에게 복을 주셨기 때문이다"라고 읽을 수 있다. 이러한 독해에 근거해서, 5절 하반절의 *Ki*-구문은 4절의 결론으로 취할 수 있다. 이런 이유로, "오벧에돔은 아들들(삽입 어구로 제시된 목록)을 가졌는데 왜냐하면, 하나님이 그에게 복을 주셨기 때문이다."

비록 이러한 해석이 선호된다 할지라도, 하나님의 복이 레위 사람 문지기 오벧에돔에게 임하였다는 역대기 사가의 언급은, 언약궤를 돌본 가드 사람 오벧에돔 위에 임한 야훼의 복에 대한 그의 초기 보고의 되울림이다. 두 오벧에돔이 서로 다른 사람이라치면, 그들은 분명 쌍둥이처럼 보이기 시작한다.

가드 사람 오벧에돔이 레위 사람 오벧에돔과 동일한 사람이라는 논증 자체가 반박할 수 없을 만큼의 증거를 제공하지는 못한다 할지라도, 그들이 서로 다른 사람이라는 가벼운 속단에 도전할 만큼의 증거는 충분하고 강력하다.

로버트 고든(Robert Gordon)이, 오벧에돔이 야훼의 보좌에서 섬길 수 있는 "레위의 승격"(Levitical preferment)을 적어도 보상받았다고 한 그의 결론은 그럴싸하다.[6] 그리고 증거의 무게가 이 결론을 지지한다고 나는 믿는다.

6. 질투를 일으키다

그래서, 가드 출신의 블레셋 사람 오벧에돔이 다윗의 언약궤-장막에서 봉사하는 레위 무리에 실제로 편입되었고, 그리고 난후 성전 문지기 가운데 포함되었다고 가정해 보자.

이것을 입증할 수 있는 근거는 무엇일까?

레위 사람이 계보상으로 자격을 갖춘 제사장이었다는 주어진 사실이다(히 7장을 보라).

레위 사람의 피가 섞이지 않은 누군가가 어떻게 레위 사람 가운데서 섬길 수 있었을까?

이 질문에 두 가지 가능한 답이 있다. 하나는 오벧에돔을 겨냥한 특별한 것이고, 또 다른 더 일반적인 요점은, 구약 시대에 이방인들의 위

---

6 *I & II Samuel: A Commentary*, Library of Biblical Interpretation (Grand Rapids: Zondervan, 1986), 233. P. Kyle McCarter *2 Samuel*, *Anchor Bible* (Garden City: Doubleday, 1984, 1970)는 레위 계보를 "후기 전통"(later tradition)의 결과로 돌린다. 그 전승은 "외국인의 돌봄에 언약궤를 수탁한 것에 의해 곤란을 겪는다. 레위 계보의 오벧에돔의 덕으로 돌리며, 음악가 … 그리고 문지기로서 그를 기억한다." 이것은 믿기 어렵다. 역대기 사가가 오벧에돔의 이방인 기원을 생략하기를 바랬다면. 왜 그를 처음부터 "가드 사람"과 동일시 했을까?

치에 대한 것이다. 먼저, 일반적인 요점을 살펴보자. 구약성경 전반을 통해 볼 때, 백성들이 이스라엘에 편입되기 위해서는 혈통과 상관없이 아브라함, 이삭, 야곱에 묶이는 것이 일반적이었다. 야훼가 할례의 언약을 제정했을 때, 아브라함은 오직 한 명의 후사와 많은 종이 있었다(창 14:14).

그 모든 종과 그들의 자손들이 할례를 받았고(창 17:23), 그렇게 "아브라함의 씨"의 일부가 되었다. 시작부터 할례 공동체는 아브라함의 혈연 공동체보다 더 규모가 컸다. 수 세기를 거쳐, 또 다른 "이방인들"이 이스라엘 안으로 접붙여졌다. 야곱의 혈연적 자손 칠십 명이 이집트로 이주해 왔지만(창 46:26-27; 출 1:1-5), 야곱은 많은 종을 소유하고 있었고(창 32:4-5, 7), 그의 여러 아들은 적어도 비슷한 크기의 식솔을 소유하고 있었을 것으로 보인다.

그러나 이스라엘이 출애굽 할 즈음에는, 야곱의 혈통적인 자손과 그 종들의 자손 사이에는 구별이 사라진다. 즉 이집트에서 나온 백성은 단순히 "열두 지파"였을 뿐이었다. 이처럼, 이스라엘이 이집트를 떠날 때, "수많은 잡족"이 그들과 함께 했고(출 12:38), 이스라엘이 그 땅으로 들어갔을 때, 이스라엘은 다시 단순한 "열두 지파"일 뿐이었다.

분명히, 이집트에 체류하는 동안과 광야에서 방황하는 40년 동안 야곱과 혈연적으로 관련이 없던 사람들도 이스라엘 지파 중 하나로 유입되었다. 이것은 그나스 사람 갈렙의 경우에 분명하다(민 32:12; 수 14:6, 14). 그는 유다 족속에 속해 있었다(민 13:6).[7] "이방인들"이 또 다른 지파 속으로 편입될 수 있다면, 레위 지파에 들어오는

---

7   제임스 조던은 자신의 글과 강의에서 이것을 자주 언급한다.

것도 문제가 없어 보인다.

이스라엘이 이집트에서 나올 때 레위는 작은 지파였다. 1개월 이상 된 남자가 겨우 22,000명이었다(민 3:39). 그때까지, 레위의 가계가 이집트에서 4대 만에 그렇게 많은 자손을 이루는 것은 아주 어려운 일이다(출 6:14-27). 원래의 수많은 레위 사람(the original Levites)은 "수많은 잡족"으로부터 온 것이 틀림없다.

더 특별히, 오벧에돔은 레위의 신분을 받았다. 왜냐하면, 그는 언약궤 앞에서의 사역을 위해 하나님으로 말미암은 승인을 분명히 받았기 때문이었다. 다윗은 언약궤를 위한 영구적 사역자들 가운데서 그처럼 한 사람을 포함시키는 시기를 잡아야만 했다. 수 세기 후에, 베드로가 사도들에게 고넬료에 대하여 말했던 것처럼(행 11:1-18), 나는 다윗이 레위 사람에게 말하는 장면을 상상한다.

"우리와 같은 방식으로 야훼의 복을 받은 사람 오벧에돔을 우리가 어떻게 언약궤 봉사에서 거절할 수 있겠습니까?"

오벧에돔을 위한 야훼의 복은 그가 섬김을 위해 선택받은 사람이라는 것을 보여준다.

7. 온 땅이 떨다

물론, 단 한 명의 가드 사람이 흐름을 결정하는 것은 아니다. 다윗 시대에 이스라엘의 예배 안에서 이방인의 참여가 늘어났다는 또 다른 증거가 있는가?

역대상 16:8-36에 기록된 시편은 확실히 이 가르침을 지지한다. 이 시편은 시온의 언약궤 앞에서 처음 노래가 되었다(실제로, 우리가 아는 한, 그것은 언약궤 앞에서 노래가 되었던 첫 번째 것이었다). 그리고 거기에서 노래 되었던 모든 시편의 전형이다. 그 시편의 몇 가지 세부 사항은 우리의 목적을 위해 중요하다.[8]

먼저, 클레이닉이 지적한 대로, 그 시편은 야훼를 "선포"하도록 의도되었다. 즉 그분에 "관한"(about) 시편이지, 단순히 그분 "에게"(to) 향했던 시편은 아니었다.[9] 8절의 첫 권면은 이스라엘로 하여금 "여호와께 감사하라" 또한 "그 이름을 부르라"고 촉구한다. 그러나 즉시 "그가 행하신 일을 만민 중에 알릴지어다"는 권면을 덧붙인다. 비슷한 권면이 23절("그의 구원을 날마다 선포할지어다")과 24절("그의 영광을 모든 민족 중에, 그의 기이한 행적을 만민 중에 선포할지어다")에서도 나타난다. 31절은 그 주제를 되풀이한다.

---

[8] 더 확장된 토의는 존 클레이닉에게서 발견할 수 있다. *The Lord's Song: The Basis, Function and Significance of Choral Music in Chronicles* (JSOT Supplement #156; Sheffield: *JSOT* Press, 1993), 133-148; Tamara C. Eskenazi, "A Literary Approach to Chronicle's Ark Narrative in 1 Chronicles 13-16," in Astrid B. Beck, et. al., eds., *Fortunate the Eyes that See: Essays in Honor of David N. Freedman* (Grand Rapids; Eerdmans, 1995), 268-271. Kirsten Nielsen, "Whose Song of Praise? Reflections on the Purpose of the Ps. in 1 Chronicles 16," in M. Patrick Graham and Steven L. Mckenzie, eds., *The Chronicler as Author: Studies in Text and Texture* (JSOT Supplement #263: Sheffield: *JSOT* Press, 1999), 327-336.

[9] 클레이닉은 여러 번 P. A. H. de Boer의 글을 인용한다. 그것은 역대상 16:9의 *le*가 "to"보다는 "about"으로 번역되어야 한다고 주장한다. 때문에, 9절은 이렇게 읽을 수 있다. "그에 관해 노래하며 그에 관해 찬양하라," Kleinig, *The Lord's Song*, 139, note 1.

> 모든 나라 중에서는 이르기를 '여호와께서 통치하신다' 할지로다
> (대상 16:31).

이전 단락에서 몇 가지 인용문이 지적했던 것처럼, 야훼에 관해 공포하고, 선포하고, 말하라는 권면은 열방에게 한 말씀이다(23-24, 31절). 실제로, 그 시편은 일련의 동심원 형태로 구성되었다. 처음에는 이스라엘이 찬양하도록 부름을 받는다(9-22절). 그리고 열방이 참여하고(23-30절), 최종적으로, 온 우주가 예루살렘에 야훼의 오심과 즉위를 즐거워한다(31-33절).[10]

이스라엘뿐 아니라, "온 땅"이 야훼의 구원을 선포하고(23절), 그의 "기이한 행적"을 말한다(24절). 열방이 이스라엘의 찬양에 참여할 때, 그들은 동시에 자신의 우상을 거절하도록 고무된다. 그 우상은 헛것이기에 때문이다(25-26절). 문맥상으로, 29절이 특히 두드러진다. 야훼의 이름에 합당한 영광을 "돌릴지어다"는 계속된 권면은 "여러 나라의 종족들"에게 주신 말씀이다(28상반절). 그리고 29절의 마치는 권면에 이 동일한 청중이 언급된다.

> 제물(*minchah*)을 들고,[11] 그 앞에 들어갈지어다 ··· 거룩한 것으로 여호와께 경배할지어다(대상 16:29).

---

[10] 나는 여기서 클레이닉의 개요를 따르고 있다(앞의 책, 143-144). 다시 그 시편 안에 묘사된 찬양의 "지구적"이고 "우주적" 차원에 관한 에스케나지(Eskenazi)의 주해를 주목하라("A Literary Approach," 269-270).

[11] 이 단어는 일반적으로 "소제"(grain offering)로 번역된다. 하지만 이 말은 조공(tribute)을 의미한다.

이처럼, "열방의 종족들"이 이스라엘의 예배에 연합하기 위해 초청받고 있다.

그 시편의 진행에 대한 클레이닉(Kleinig)의 요약은 적절하다.

> 찬송하는 자들이 주님의 주권적 임재를 선언할 때, 야훼를 찬양함으로써 그분을 기억하도록 회중들을 부를 때, 그들은 야훼께서 세우신 그분을 예배하도록 이스라엘 백성을 초청한다. 그들은 이스라엘 백성이 항상 야훼의 임재와 능력을 구하도록 촉구한다(대상 16:11). 그들은 또한 세상 사람들이 자신들의 신을 포기하고 야훼께 희생을 드리고 그분의 통치를 깨닫도록, 또한 그 앞에 엎드려 탄원하도록 초청한다(대상 16:28-29). 다음으로, 찬송하는 자들은 그분에 대한 공적 예배 중에서 주님으로부터 힘과 기쁨을 얻도록 자신들의 찬미 가운데 이스라엘과 열방을 부른다. 공적 예배는 그들의 공개적인 찬양 속에서 그분과 그분의 선하심에 대하여 선포를 이끈다.[12]

작은 조약돌이 연못 속에 떨어질 때처럼, 이스라엘의 그 찬양은 바다가 포효하고, 숲속 나무들이 노래하고, 찬양으로 하늘(heavens)이 울릴 때까지 퍼져나갈 것이다. 역대기 사가의 계보의 중심에 레위의 노래하는 사람들이 있었던 것처럼, 역시 그들은 우주적 찬양대의 중심에서 현재 노래하고 있다.

우리는 야훼를 예배하도록 이방인들을 초청하는 시편과 선지서에 너무도 익숙하다. 그래서 다윗 시대에 그것이 얼마나 혁신적이었는

---

[12] Kleinig, *The Lord's Song*, 147.

지를 잊어버린다. 성경에 일찍이 기록된 노래와 찬송 속에서, 이방인들은 오직 밟히고, 죽고, 던져지고, 익사 당하고, 머리가 으깨지는 대적에게 속하였다. 모세와 미리암의 노래는 이스라엘 시편 가운데 가장 이른 것이다(출 15:1-18).

이스라엘은 바로와 그의 군대가 바다 속에 던져져(15:1, 4), 돌처럼 깊음 속에 가라앉은 것(5절)을 축하한다. 또 다른 민족들이 듣고 "떨며," "두려움이 블레셋 주민을 사로잡았다"(14절). 에돔, 모압, 가나안 사람들은 야훼의 타오르는 진노 앞에 녹아버릴 것이다(15절), 또 대체로, "놀라움과 두려움이 그들에 임하게" 될 것이다(16절). 가나안의 일부 주민이 출애굽 소식에 대해 듣고 회심했다 할지라도(수 2:8-13), 그 노래는 여기에 대해서 최소한의 암시도 담고 있지 않다. 출애굽에서, 야훼를 향한 이방인의 반응은 두려움이었는지, 신뢰는 아니었다.

유사하게, 드보라의 노래(삿 5:1-31)는 가나안에 대한 야훼의 승리에 갈채를 보낸다. 드보라는 전쟁을 위한 이스라엘의 회집과, "가나안 왕들"에 대한 주님의 승리와 특히 시스라를 죽인 야일의 영민함을 축하한다. 그러나 열방은 그 축하에 참여하도록 권함을 받지 못한다. 단지 또 다른 열방들에 대해 지나가는 암시가 그 노래 끝에 나올 뿐이다.

> 여호와여 주의 원수들은 다 이와같이 망하게 하시고(삿 5:31).

사무엘의 출생에서 한나의 노래는 사악한 자의 임박한 멸망에 대하여 하나님을 찬양한다. 문맥상으로, 그때 이스라엘을 다스리던 사악한 블레셋 사람이 포함된다. 한나의 노래는 드보라의 노래에서 처럼, "여호와를 대적하는 자는 산산이 깨어질 것이라." "여호와께서 땅끝까지 심판을 내리실" 것이라는 상기(想起)로 끝을 맺는다 (삼상 2:10).

시편은 파멸과 심판에 대한 비슷한 노래를 포함하고 있다. 즉 어떤 위대하고-고결한 용사를 만족시킬 만큼의 충분한 철장과 끔찍한 열방이 있다. 그러나 또한 시편 속에는 야훼께서 왕이시며 재판장이시기 때문에 그에게 돌아오도록, 그분 안에서 노래하고, 기뻐하도록 이방인들을 격려하는 내용 역시 풍성하다(그 예로, 시 18:49; 22:27; 47:1; 57:9; 67:3-5; 117:1). 물론, 이스라엘은 항상 야훼를 예배하며 섬기도록 열방을 이끄는 도구가 되어야만 한다.

그런데 열방을 향한 이스라엘의 태도가 이스라엘 역사의 한 기간에서 또 다른 기간으로 이동하는 동안 변화되었다(shifted). 다윗 언약 아래에서, 열방은 하나님을 향한 이스라엘의 경외(homage)에 참여하도록 특별히 격려받았다. 그들은 함께 찬양하도록 용기를 북돋음 받았다.

레위 사람의 사역 안으로 오벧에돔이 참여한 것은 가장 명백한 예시다. 그러나 역대상 16장의 그 시편은, 그가 이스라엘의 예배 속에 유입될 또 다른 이방인을 대표한다는 사실을 제시한다. 심지어 그들이 레위의 직무를 받지 않았다 할지라도 말이다. 이처럼 오벧에돔은 어느 날 이방인이 이스라엘의 예배 속으로 더욱 충만하게 참여하게 될 것이라는 소망에 대한 하나의 역사적 선례를 제공한다. 이것은, 이사야 66:18-21에 가장 선명하게 나온다.

> 내가 그들의 행위와 사상을 아노라 때가 이르면 뭇 나라와 언어가 다른 민족들을 모으리니 그들이 와서 나의 영광을 볼 것이며 내가 그들 가운데에서 징조를 세워서 그들 가운데에서 도피한 자를 여러 나라 곧 다시스와 뿔과 활을 당기는 룻과 및 두발과 야완과 또 나의 명성을 듣지도 못하고 나의 영광을 보지도 못한 먼 섬들로 보내리니 그들이 나의 영광을 뭇 나라에 전파하리라 나 여호와가 말하노라 이스라엘 자손이 예물을 깨끗한 그릇에 담아 여호와의 집에 드림 같이 그들이 너희 모든 형제를 뭇 나라에서 나의 성산 예루살렘으로 말과 수레와 교자와 노새와 낙타에 태워다가 여호와께 예물로 드릴 것이요 나는 그 가운데에서 택하여 제사장과 레위인을 삼으리라" 여호와의 말이니라(사 66:18-21).

그리고 이사야 56:6-7에서도 언급한다.

> 또 여호와와 연합하여 그를 섬기며 여호와의 이름을 사랑하며 그의 종이 되며 안식일을 지켜 더럽히지 아니하며 나의 언약을 굳게 지키는 이방인마다 내가 곧 그들을 나의 성산으로 인도하여 기도하는 내 집에서 그들을 기쁘게 할 것이며 그들의 번제와 희생을 나의 제단에서 기꺼이 받게 되리니 이는 내 집은 만민이 기도하는 집이라 일컬음이 될 것임이라(사 56:6-7).

레위 제사장의 반열 속으로 이방인들의 유입은 야훼가 창조하시기로 약속하셨던 "새 하늘과 새 땅"의 중심된 특징이 되어야 한다(66:22). 이것이 이스라엘 종말론의 중심이었다. 우리는 이것이 성취될 수 없는, 비현실적인 약속이 아님을 확인했다. 즉 이것은 공허하게 아무것도 아닌 것이 아니다. 역대기는 한 사람의 신원을 통해 이 소망을 제시한다. 그 이름은 곧 오벧에돔이다.

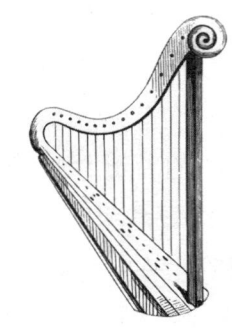

From Silence To Song

제4장

찬미의 제사
Sacrifices of Praise

솔로몬의 성전은 "만민이 기도하는 집"이라고 일컬어졌다. 하지만 솔로몬이 성전을 짓기 그 이전에, 다윗은 시온에 "만민을 위한 예배의 장막"을 이미 세웠다. 솔로몬의 성전은 다윗 장막의 예배를 통합했고 야훼의 보좌가 솔로몬의 성전으로 옮겨졌고 "시온"이 약간 북쪽에 있는 모리아로 옮겨갔기 때문에, 정확히 우주적인 기도의 집이었다.

이사야 56장과 66장, 곧 마지막 장 끝에 인용된 예언에 따라, 이방인의 연합은 이스라엘의 종말론적 소망의 주된 특징이었지만, 그 소망은 역사 속에서 특히 다윗이 세운 예배 속에 기반을 둔 것이다. 다윗의 예배 시스템은 갱신된 예루살렘에서 드려지는 종말론적인 예배의 예고편이었다. 장막이 펼쳐짐과 동시에 성전의 기초가 이미 놓아졌던 것이다. 솔로몬이 행할 일은 모세의 뒤를 잇는 여호수아의 행동과 같았다.

시온의 종말론적 환경은 다윗이 언약궤-장막에서 소개했던 예배의 형식을 설명하도록 도와준다. 모세의 성막에서 이스라엘의 예배는 동물 제사에 집중된다. 여러 가지 제사들이 드려졌다(번제, 속죄제, 속건제, 화목제, 소제).[1]

하지만 예배 의식은 어떤 면에서 다양하지 못했다. 동물 제사와 함께 드렸던 소제를 제외하고, 모든 것은 살육해서 해체하고, 그 피를 보이고, 적어도 기관과 살의 일부를 태우는 것과 관련되었다. 제1장에서 간단하게 주목했던 것처럼, 모세오경에서 나온 정보를 가지고 말할 수 있는 한, 이 의식은 침묵에서 수행됐다.

위의 마지막 진술은 어떤 검증이 요구된다. 레위기 16:21에 따르면, 대 속죄일에 대제사장은 속죄 염소의 머리 위에 안수하고 "이스라엘 자손의 모든 불의와 그 범한 모든 죄"를 아뢰어야 했다. 그것은 제사 드리는 사람이 자신이 준비해 온 제물의 머리 위에 안수할 때 자신의 죄를 고백하는 것과 같았다.

예를 들어, 속건죄는 배상이 요구된다(레 5:14-6:7). 만일, 죄에 대한 인정이 그 의식에서 빠진다면 이는 이상한 것이다. 하지만 율법은 분명하게 입으로 소리 내어 고백하는 것을 요구하지 않는다. 특히, 음악은 단 한 번만 언급된다. 나팔은 안식일과 월삭뿐 아니라 특정한 연중 절기를 포함하는 정한 때에(레 23:2-3),[2] 번제와 화목제에서 불었다(민

---

[1] 이 전문 용어의 간략한 변호를 위해서 나의 책, 『새로운 관점의 구약성경 읽기』, 87-95을 보라.

[2] 레위기 23장에 "정한 때"(mo'ed)의 첫 목록은 안식일이다. 이 단어는 민수기 10:10에서 같은 의미로 사용된 것으로 추정된다. 나팔은 안식일의 제사에서 불어졌다. 안식일의 제사는 상번제(daily offerings)보다 더 풍성했다(민 28:9-10). "초하루" 혹은 "월삭의 절기들"은 민수기 10:10에 분명히 언급된다. 이는 레위기 23장에 있는 "정한 때"(mo'edim)의 목록에는 그 절기들이 없기 때문이다.

10:10). 이런 구절들 외에, 고백과 음악에 대한 분명한 참고 구절이 레위의 율법 안에는 없다.

다윗의 통치 기간 전체를 통해, 상대적으로 고요한(silent) 모세의 예배는 기브온에 있는 모세의 성막 앞에서 계속 수행되었다. 제물들은 "항상 아침저녁으로 여호와의 율법에 기록하여 이스라엘에게 명령하신대로"(대상 16:39-40) 다 준행하게 했다. 하지만 기브온에서 조차 주목할 만한 변화가 소개된다.

다윗은 제사장들뿐 아니라 레위 사람도 임명하여 거기에서 "야훼께 감사하라 그의 인자가 영원함이라"고 찬양하게 했다. 찬양 가운데 드려지는 이러한 감사는 "나팔과 제금"과 또 다른 "하나님을 찬송하는 악기들"이 수반되었다(대상 16:41-42). 동물 희생 제사와 음악 예배의 조합은 성전이 지어진 이후에도 계속되었다.

솔로몬의 성전을 준비하는 가운데, 다윗은 한 모둠의 레위의 노래하는 사람과 음악가를 조직했다(대상 25:1-31). 그리고 역대기 전체에는 성전 음악(temple music)에 대한 참고 구절이 있다(대하 5:11-14; 7:6; 23:13; 29:25-28; 34:12).

다윗의 장막에서는 음악이 더욱 철저히 예배를 지배했다. 시온으로 언약궤가 올라가는 것은 야훼가 시내산에 강림하시는 장면을 연상시켰다. 시내산에서 주님의 영광이 천둥과 번개와 함께 나타났을 때 백성은 "아주 큰 나팔 소리"를 들었고 그 소리는 점점 더 커졌다(출 19:16, 19). 시온에서 나팔 소리는 영광-구름에서 나온 것이 아니라, 이스라엘 백성에게서 나왔다.

이스라엘 자신들, 특히 레위 사람이 인간 영광(human glory)을 이루었고, 그 천사 무리의 즐거운 소음과 함께 되울려 퍼졌다. 나팔을 부는 제사장들이 앞장서고, 소리의 구름(cloud of sound)과 함께 레위인 음악가들이 언약궤를 둘러쌓다. 그처럼 언약궤는 오벧에돔의 집에서 옮겨져 왔다(대상 15:25-28). 언약궤가 장막에 안치되었을 때, 다윗은 "항상 그 궤 앞에서 머물러 날마다 그 일대로 섬기는" 레위 사람의 우두머리로 아삽을 임명했다(대상 16:37). 문맥은 이 "사역"이 노래와 악기를 연주하는 것임을 분명하게 한다.

> (다윗이) 또 레위 사람을 세워 여호와의 궤 앞에서 섬기며 이스라엘 하나님 여호와를 칭송하고 감사하며 찬양하게 하였으니 아삽은 우두머리요 그 다음은 스가랴와 여이엘과 스미라못과 여히엘과 맛디디아와 엘리압과 브나야와 오벧에돔과 여이엘이라 비파와 수금을 타고 아삽은 제금을 힘있게 치고 제사장 브나야와 야하시엘은 항상 하나님의 언약궤 앞에서 나팔을 부니라(대상 16:4-6).

어떤 경우에, 동물 제사는 다윗의 성막(Davidic tabernacle)에서도 드려졌다. 예루살렘으로 들어가는 언약궤의 행렬은 "하나님 앞에서 번제와 화목제"를 동반했다(대상 16:1). 나중에 솔로몬은 언약궤 앞에서 동물을 제사했다(왕상 3:15).[3] 그러나 이런 경우들을 제외하고 나면 다윗

---

3 여기서 두 가지 흥미로운 요점을 주목하라. **첫째**, 신명기 12장은 모든 희생 제사가 중앙 성소에서 드려져야 한다고 요구하는 것처럼 보인다. 그러나 아직 다윗의 시대 동안에 적어도 희생 제사를 위한 두 개의 장소가 있었다-시온과 기브온. 이곳은 합법적일까? 답은 예이다. 그 이유는 성소가 완전하게 세워지지 않았기 때문에 예배가 중앙화되지 않았기 때문이다. **둘째**, 다윗 장막의 봉헌에서 속죄제(purification)가 드려지지 않았다는 점이 흥미롭다. 확실히 성소와 그 예배가 두 개로 나뉘어 있는 한 속죄제는 드려질 수 없었다. 이는 속죄제를

장막에서 드려지는 예배는 일반적으로 피 흘리는 제사가 포함되지 않았다. 이것은 역대상 16:37-43을 보면 분명하다.

이 구절은 언약궤에서 레위의 직무(찬송)와 기브온에서 제사장의 직무(동물 제사) 사이의 차이를 묘사하고 있다. 이 독특한 예배 형태들은 두 장소에서 수행되었다. 시온의 예배는 기브온의 예배와 중첩되었는데, 이는 두 장소의 예배가 찬송과 동물 제사 둘 다를 포함하고 있었기 때문이다. 시온의 예배는 음악을 강조했고, 다른 한편으로 기브온의 예배는 주로 번제와 화목제를 통해 드려졌다.

이 장의 목적은 다윗 성막에서의 예배를 검토하기 위한 것이다. 비록 이스라엘 역사의 후대 기간을 다루는 구절들도 몇 가지 언급할 것이 있다. 나의 관심은 실제적인 음악의 수행(악기 편성, 의상, 연주 방식)에 있는 것이 아니라, 그런 음악의 수행이 어떻게 이해되었는가 하는 것이다.

역대기 사가는 이 예배를 이해하기 위해서 어떤 은유와 묘사를 사용하고 있는가?

두 개의 주된 이슈가 논의될 것이다.

첫째, 다윗이 과연 무슨 권한으로 이스라엘의 예배에서 음악 구성을 확장시켰는가?

위해서는 제단과 언약궤가 필요했기 때문이다. 모든 가능성을 열어 두고, 속죄제는 기브온에 있는 성소에서 드려지지 않았다. 그곳엔 언약궤가 없기 때문에 대 속죄일을 포함해서 속죄제의 시스템은 기능할 수가 없었다.

이것은 율법의 위반이 아닌가?

그는 추가적인 계시를 받았는가?

이스라엘의 예배 안에 이러한 변화는, 예배는 "여호와의 규례"에 따라 드려져야 한다는 율법의 강조와 함께 어떻게 조화를 이루는가?

둘째, 나는 노래가 제사의 새로운 형식, 곧 "찬미의 제사"로서, 또 다른 부분에서 이해되었음을 보여줄 것이다.

제6장은 성전 예배의 음악을 더 충분히 다루면서, 제사와 노래 사이의 유비에 대한 논의를 확장하고, 여기에서는 예전적인 노래의 신학에 대한 몇 가지 양상들을 가지런히 정리할 것이다.

여러 구절에서 성경은 다윗이 성전과 예배에 대한 설계를 야훼로부터 받았다고 말한다. 다윗은 "여호와의 손이 내게 임하여 이 모든 일의 설계를 그려 나에게 알려 주셨느니라"고 솔로몬에게 말했다 (대상 28:19). 또한, 이 "설계"는 "제사장과 레위 사람의 반열과 여호와의 성전에서 섬기는 모든 일"을 위한 계획을 포함한다(대상 28:13). 유월절에 대한 히스기야의 축하에 대한 묘사 에서 역대기 사가는 레위의 음악에 대한 신적 권위를 재진술한다.

> [히스기야] 왕이 레위 사람들을 여호와의 전에 두어서 다윗과 왕의 선견자 갓과 선지자 나단이 명령한 대로 제금과 비파와 수금을 잡게 하니 이는 여호와께서 그의 선지자들로 이렇게 명령하셨음이라 (대하 29:25).

그러므로 다윗의 예전 혁신(liturgical innovations)은 계시에 기초한 것이었다. 하지만 존 W. 클레이닉에 따르면, 그 이야기에는 더 많은 것이 있다. 예배에 대한 다윗의 재조직은 모세의 규례 적용 혹은 확장이었다는 수많은 암시가 역대기 속에 있다.

클레이닉은 세 가지의 주된 구절을 논의하는데, 그중에서 두 가지를 논하게 될 것이다. 클레이닉의 통찰에 나는 또 다른 생각을 추가했는데, 그가 간략하게 다루었던 요점을 확장한 것이다.

1. 새로운 모세 아래 사역자의 직무

가장 두드러진 것은 다윗이 제사장과 레위 사람에게 직무를 부여할 때는 율법을 인용하거나 혹은 시사한다. 예를 들어, 다윗은 언약궤를 운반하는 책임이 레위 사람에게 있다는 사실을 기억하면서 신명기를 인용한다. 신명기의 규례를 읽어 보자.

> 그 때에 여호와께서 레위 지파를 구별하여 여호와의 **언약궤를 메게 하며** 여호와 앞에 서서 그를 **섬기며**(serve) 또 여호와의 이름으로 축복하게 하셨으니 그 일은 오늘까지 이르느니라(신 10:8).

그리고 다윗은 이러한 말씀으로 레위 사람을 가르쳤다.

다윗이 이르되 레위 사람 외에는 하나님의 **궤를 멜 수** 없나니 이는 여호와께서 그들을 택하사[4] 여호와의 **궤를 메고** 영원히 그를 **섬기게**(minister) 하셨음이라 하고(대상 15:2).

신명기 10:8에서 "섬기며"(serve)로 번역된 단어는 '**샤라트**'(sharat)이다. 이것은 역대상 15:2에서 "섬기게"(minister)로 번역된 히브리어 단어와 같다.

실상은 다윗이 율법의 요구를 재진술한 것이지만, 그 구절의 구조를 검토해 보면, 다윗이 레위 사람에게 요구한 것은 모세의 시스템 아래서 요구된 일과 많은 차이가 있다.

역대상 15-16장은 단일한 구성 단위를 이루지만, 이 구절은 두 개의 큰 단락으로 나뉜다. 15:1-16:3은 예루살렘으로 들어가는 언약궤의 행렬을 묘사하고 있고, 한편 16:4-43은 예루살렘과 기브온에서 예배를 정비하는 것을 설명한다. 그 모두 다윗의 강복 선언(benediction)으로 끝난다. 우선, 그 백성을 위해서(16:2), 다음으로, 자기 집을 위해서 복을 빈다(16:43).

첫째 단락은, 그 자체로 둘로 나뉜다. 역대상 15:15은 모세를 통한 야훼의 명령에 대하여 언급하는데, 이것은 15:2의 다윗의 율법 인용과 함께 **인크루지오**를 형성한다. 율법에 대한 이 두 구절 사이에서, 언약궤의 이전을 위한 준비가 묘사되고 있다. 15:16-16:3은 레위 사

---

[4] 클레이닉이 지적한 대로, 레위사람에 대한 야훼의 선택에 대한 언급은 신명기 18:5을 언급한 것이다(*The Lord's Song: The Basis Function and Significance of Choral Music in Chronicles*[JSOT Supplement #156; Sheffield: JSOT Press, 1993], 34).

람이 이 운반의 직무를 수행했다고 말한다. 전체적으로, 15:1-16:43
은 아래와 같은 개요를 그린다.

   A. 언약궤의 운반: 15:1-16:3
      1. 행렬을 위한 조직: 15:1-15
      2. 실제적인 행렬: 15:16-16:3
   B. 예루살렘과 기브온에서 레위 사람과 제사장의 직무: 16:4-43[5]

이 구절에 대한 두 개의 주요 단락은 신명기 10:8에 규정된 두 가지 레위 사람의 직무와 일치하며, 또한 다윗에 의해 반복되고 있음이 분명하다. 15:3-16:3은 언약궤를 운반하는 것에 대한 레위 지파의 책임과 관련되어 있고, "사역" 혹은 "섬김"의 직무가 16:4-43에 자세히 서술된다.

우선, 15:2에 등장하고, 16:4, 37에 다시 사용되고 있는 동사, '샤라트'는 다윗이 15:2에서 일반적인 말로 언급했던 그 "섬김"(ministry)에

---

[5] 몇 가지 이유에서, 나는 클레이닉에 의해 제공된 이 구절의 분석에 동의하지 않는다(같은 책, 45). 클레이닉은 운반의 직무가 역대상 15:4-15을 커버한다고 주장한다. 그래서 음악 사역은 15:16-25을 커버한다. 이것이 실패한 첫째 이유는, 15:1-16:43이 단일한 구성단위의 본문이기 때문이다. 본문은 대조적인 인크루지오에 의해 표시된다: 15:3에 이스라엘이 모이고, 16:43까지는 해산하지 않는다. 둘째 이유는, 언약궤의 운반은 15:25-16:3에 이르기까지는 실제로 수행되지 않는다. 그래서 15:15에서 "언약궤를 메는 것에서" 그 단락을 끝내는 것은 인위적이다. 다윗은 15:2에서 샤라트(sharat)라는 단어를 사용한다. 그 말은 16:4까지 다시 등장하지 않는다. 이렇게 16:4은 레위 "사역자"(minister)에 대한 역대기 사가의 묘사의 시작을 표시한다. 그 구절까지, 레위 사람은 "육로 수송"과 "섬김"(service)에 종사한 것이었지, "사역"(ministry)을 한 것은 아니었다.

관한 상세한 설명을 주고 있음을 가리킨다. 다음의 차트는 병행을 요약한 것이다.

신명기 10:8	역대상 15:2	역대상 15:3-16:43
언약궤를 멤	언약궤를 멤	레위의 운반, 15:3-16:3
사역자(minister)	사역자(minister)	레위의 섬김(ministry), 16:4-43

여기서, 중요한 요점은 16:4-43에 묘사된 "섬김"(ministry)은 거의 전적으로 노래와 악기를 통한 섬김이다. 레위의 노래하는 자와 악사들이 목록에 실려 있고(16:4-6), 레위 사람이 부른 찬송의 샘플이 삽입된다(16:7-36). 다음으로, 다윗은 그의 통치 동안 지속될 예배의 인원과 형식을 결정한다(16:37-43). 하지만, 신명기 10:8 혹은 모세오경 어디에도 레위 사람의 음악 사역에 대한 내용을 발견할 수 없다.

모세 시스템 아래에서, 레위 사람의 "섬김"은 성소를 지키고, 제단에서 제사장들을 돕고, 예배에서 백성을 돕는 것이었다. 하지만, 레위 사람은 노래하거나 악기로 연주하지 않았다. 그럼에도, 다윗은 음악단으로서 레위 사람을 조직하기 위한 기초로서 율법을 인용한다. '샤라트' 혹은 "섬김"은 음악적 수행을 아우르는 말로 변혁되거나 혹은 확장되었다.

또한, 다윗 예전의 해석학과 관련된 하나의 예시가 탐구되어야 할 것이다. 15:2에 "메다"(carry)라는 동사는 히브리어 '나사'(nasa)다. 이 단어는 민수기 4:15에서 레위 사람의 언약궤 운반을 묘사하는 데 사용되었다. 위에서 제시된 구조 분석을 받아들이면, 15:16-24은 레위 사람이 언약궤를 "메는 것"과 관련된 구절의 하부 단락에 있고, 또한 동사 '나사'에 의해 보완되는 구절의 일부분이다.

그러나 15:16-24은 물리적인 운반을 위한 준비를 묘사하지 않고, 음악적 수행을 위한 편재에 대하여 말하고 있다. 이처럼, "섬기는"(*sharat*) 것이 16:4-43에서 음악적 봉사를 포함하고 있는 것처럼, 마찬가지로 언약궤를 메는 직무도 야훼의 보좌를 물리적으로 운송하는 일뿐 아니라, 찬양 가운데서 주님을 높이는 것까지 포함한다.[6]

유사한 변혁이 역대상 15장에 있는 또 다른 두 구절에서 분명해진다. 둘 다 언약궤의 행렬에서 레위 사람의 지도자 그나냐의 역할에 대해 말한다. 둘 다 민수기에서 종종 레위 지파가 메어야 했던 성막 기구의 "짐"을 묘사하는 데 사용했던 '나사'의 명사형 **'마싸'**(*massa*)라는 단어를 사용한다(민 4:19, 24, 27, 32, 47, 49). 아래의 번역은 New American Standard Bible(NASB)로부터 온 것이다.

>And Chenaniah, chief of the Levites, was in charge of the **singing**(히, *massa*'); he gave instruction in **singing**(히, *massa*') because he was skillful(15:22).

>Now David was clothed with a robe of fine linen with all the Levites who were carrying the ark, and the singers and Chenaniah the leader of the **singing**(히, *massa*) with the singer. David also wore an ephod of linen(15:27).

---

6   어쩌면, 재담이 의도되어 있다. 역대상 15:2의 '나사'의 부정사 형태는 '레세트'(*le-she't*)이다. 그래서 '세트'(*she't*)라는 단어는 높임, 존엄, 고상함을 의미한다(창 4:7; 49:3; 욥 13:11; 31:32; 시 62:5을 보라).

NASB 번역에 의하면, 일반적으로 성막 기구를 "메다"를 위해 사용된 동사가 이 구절에서는 "노래하는 것"을 의미한다. 이 번역은 논란의 여지가 있다. 월터 카이저는 이 번역에 대하여 다음과 같이 말한다.

> 음악 인도자로서 '사르 함마싸'('sar hammassa')에 대한 번역은 변명의 여지가 있을 수 없다. 그 어원적 의미는 "말하는 것"이 아니라, "위에 들어 올리는 것"이다 …그 문맥은 언약궤를 메는 것을 다루며, '마싸'(massa)는 그 문맥 안에서 평범한 말이다.[7]

클레이닉은 이 단어가 역대상 15:22에서 "운반"(transportation)으로 번역된 것이 최상이라는 데 동의하면서도, '마싸'의 의미가 일으키는 모호함이 있다고 추가로 언급한다. 왜냐하면, 그나냐는 "그 행사를 위한 의식의 진행 책임"을 맡은 자였기 때문이다. 이는 언약궤의 물리적 운반과 음악적 수행 두 가지 모두에 대한 책임을 뜻한다. 그나냐가 "언약궤의 물리적 그리고 음악적 운반이 두 가지 모두에 책임이 있었다"라고 그는 결론짓는다.[8] 이처럼 클레이닉은 '마싸'는 여기서 다소 은유적으로 사용되었을 가능성을 열어둔다.

이러한 결론을 지지하는 한 가지 강력한 사례가 제시될 수 있다. 22절은, "그나냐는 운반에서 레위 사람의 지도자였다. 그는 그가 지닌 통찰 때문에 운반에서 가르침을 주었다"로 부드럽게 번역될 수 있

---

7 R. Laird Harris, et. al., eds., *Theologial Wordbook of the Old Testament*, 2 vols. (Chicago: Moody, 1890), 2:601.

8 *The Lord's Song*, 47, n. 1.

다. 이제까지 카이저의 요점은 견고하다. 그러나 27절에서 카이저의 주장, 즉 '마싸'가 어떤 음악적 함의도 가지지 않는다는 그의 주장은 설득력이 다소 떨어진다. 그 구절은 교차대칭 구조로 구성되어 있다.

  A. 이제 다윗은 **세마포** 겉옷을 입었다
    B. 궤를 **멘**(*nasa*) 모든 레위 사람과 **노래하는** 자와
    B'. 그리고 **그나냐**(*massa*)의 우두머리 노래하는 자
  A'. 다윗은 또 **베** 에봇을 입었다⁹

  굵은 글씨체로 표시 한 대로, B와 B'는 언약궤를 "멘" 사람과 "노래하는 자"에 대한 언급을 공유한다. 그러나 B'의 "노래하는 자"는 그 절의 나머지와 이상한 문법적 관계에 있다(나의 번역이 지시하도록 한 것처럼). 전치사 혹은 접속사가 선행되지 않는다.
  아마도 노래하는 자와 그나냐의 관계를 더 분명하게 만드는 무엇이 문맥에서 떨어져 나간 것처럼 보인다. 그러나 주장한 대로, 27절의 한 가지 가능성 있는 번역은, "그나냐는 노래하는 자의 운반(the transport of the singers) 우두머리"다.¹⁰ 이것이 옳다면, 이 번역은 노래하는 자가 언약궤 운반 행렬의 일부였음을 뜻한다.
  더 간단하게 보일 수 있는데, 즉 노래하는 자가 운반을 진행했다 (doing)는 의미일 수도 있다. 어깨뿐 아니라, 노래가 야훼의 언약궤―보

---

9 이것은 나의 번역이다.
10 이것이 "구를 이루거나" 혹은 "형용사적" 구조라는 가능성을 확신하게 해준 필라델피아 웨스트민스터신학교의 피터 엔스(Peter Enns)에게 감사한다.

좌를 "메고," "들어 올린다." 그래서 야훼는 시온으로 타고 오시며, "이스라엘의 찬송 중에 즉위하신다"(시 22:3). 레위 사람의 "짐"은 더 이상 물리적인 것만이 아니라 음악적인 것이기도 했다."

'아바드'(*abad*, serve)와 관련된 명사 '아보다'(*abodah*, service)에 대한 역대기 사가의 용례 검토는 이러한 결론을 지지한다. 역대상 6:31-32은 레위 찬양대에 대한 묘사를 처음으로 제시한다.

> 이 언약궤가 평안을 얻었을 때에 다윗이 여호와의 성전에서 찬송하는 직분을 맡긴 자들은 아래와 같았더라 솔로몬이 예루살렘에서 여호와의 성전을 세울 때까지 그들이 회막 앞에서 찬송하는 일을 **행하되**(*sharat*) 그 계열대로 **직무**(*abodah*)를 행하였더라(대상 6:31-32).

여기서, 분명히, '아보다'는 음악의 수행을 의미한다. 같은 단어가 레위 사람을 향한 다윗의 가르침에 적용된다. 다윗은 장래의 솔로몬의 성전에서 사역을 위해 그들을 조직했다.

> 다윗이 이르기를 이스라엘 하나님 여호와께서 평강을 그의 백성에게 주시고 예루살렘에 영원히 거하시나니 레위 사람이 다시는 성막과 그 가운데에서 쓰는 모든 기구를 **멜**(*nasa'*의 형태) 필요가 없다 한지라 다윗의 유언대로 레위 자손이 이십 세 이상으로 계수되었으니 그 직분은 아론의 자손을 도와 여호와의 성전과 뜰과 골방에서 섬기고 또 모든 성물을 정결하게 하는 일 곧 하나님의 성전에서 **섬기는 일**(*abodah*)과 또 진설병과 고운 가루의 소제물 곧 무교전병이나 과자를 굽는 것이나 반죽하는 것이나 또 모든 저울과 자를 맡고

> 아침과 저녁마다 서서 여호와께 감사하고 찬송하며 또 안식일과 초하루와 절기에 모든 번제를 여호와께 드리되 그가 명령하신 규례의 정한 수효대로 항상 여호와 앞에 드리며 또 회막의 직무와 성소의 직무와 그들의 형제 아론 자손의 직무를 지켜 여호와의 성전에서 수종드는 것이더라(대상 23:25-32).

표면상, 나중 구절은 언약궤를 메는 레위의 직무가 취소되었다는 것을 간단하게 진술한다. 이는 언약궤가 성전 안 영구한 집으로 들어왔기 때문이다. 하지만 더 주의 깊게 읽어 보면, 그 의무는 취소된 것이 아니라, 변혁되었음을 시사한다. '아보다'는 흔히 모세오경에서 언약궤와 성전의 또 다른 기구를 메는 레위의 직무를 묘사하는 데 일반적으로 사용되었다. 그것은 봉사 또는 노동을 의미한다. 하지만 관련된 노동의 구체적인 형식은 물리적 듦과 멤이다(민 4:24, 27, 31, 49).[11]

비록 다윗이, 레위 사람은 더 이상 '마싸'의 직무가 없다고 말했다 할지라도, 그들은 '아보다'의 직무를 계속 해야한다. 모세오경에서 이 두 단어는 동일한 활동을 언급한다. 그것은 성막과 그 기구들을 운반하는 육체적인 노동이다. 더 나아가, 이 구절에서, '아보다'의 계속되는 직무는 아침과 저녁에 서서 야훼께 감사하고 찬양하는 것을 포함한다(30절).

육체적 노동은 다시 음악적인 수행이 되었고, 그리고 다윗은 율법

---

[11] 자세한 것을 위해, Jacob Milgrom, *Studies in Levitical Terminology I: The Encroacher and the Levites: The Term' Aboda* (Berkeley: University of California Press, 1970), 60-87을 보라.

의 요구를 적용했다. 그것은 레위 사람이 노래하는 하나의 요구로써 '아보다'를 수행하는 것을 의미한다.

역대기의 나중 부분의 몇 구절은 '아보다'의 의미에 대해 유사한 변화를 지적한다. 요시아가 유월절을 축하하도록 이스라엘을 소집했을 때, 그는 레위 사람을 가르쳤다.

> 또 여호와 앞에 구별되어서 온 이스라엘을 가르치는 레위 사람에게 이르되 거룩한 궤를 이스라엘 왕 다윗의 아들 솔로몬이 건축한 전 가운데 두고 다시는 너희 어깨에 메지(massa) 말고 마땅히 너희의 하나님 여호와와 그 백성 이스라엘을 섬길('abad)것이라(대하 35:3).

역대상 23장에 있는 다윗의 가르침과 더불어, 이것은 언약궤를 메는 직무의 단순한 취소로 보이지만, 모세 율법의 배경에 기대어 이해할 때, 그 구절은 상이한 요점을 만들어 낸다. 레위 사람은 '아보다'를 지속해야만 하는데, 이렇게 그들이 수행하는 "섬김"(service) 은 노래하고 찬양하는 것이 포함된다(35:15).

더 나아가, 역대하 29:35 하반절은 왕이 "여호와의 전에서 '아보다'를 갖추었다"고 말함으로써 히스기야 시대의 예배를 요약한다. 문맥 속에서, 이 섬김은 번제, 화목제, 전제를 구성하지만(35절 상반절), 이 구절 속에서 동물 희생 제사는 분명히 음악의 제사와 함께 아울러진다(25-30절).

이처럼, 야훼의 전에서 재확립된 '아보다'는 악기와 합창 음악의 '아보다'를 포함한다. 주의 보좌와 전을 위한 영구하고, 고정된 "장소"의 확립 후에, 성막과 그 기구를 육체적으로 "운반하고" "섬기는"

일에 대한 레위 사람의 초기 직무는 하나님의 이름과 보좌에 대해 음악적으로 "메는 것"으로 변혁되었다. 다윗은 레위기의 율법을 적용하고 확장했으며, 그렇게 함으로써 레위 사람의 직무 분장을 혁신적으로 개정(改正)했다.

그러나 예배에 대한 모세의 율법을 버리지 않고 그는 이 일을 했다. 레위 사람이 야훼의 보좌에 대한 물리적 "높임"에 대한 책임이 있었다면, 또한 그들은 그분의 이름에 대한 언어적, 음악적 높임에 대한 마땅한 책임도 있었다.

2. 서서 섬기다

역시 또 다른 방식에서 역대기 사가는 레위 사람에 대한 다윗의 재조직이 모세의 요구에 뿌리내리고 있음을 보여준다. 전형적으로, 제사장의 사역은 "서서 섬기고"라는 구절로 율법 속에 요약되었다.[12]

제사장은 이스라엘의 예배 가운데 문자적이고 은유적으로 "서서" 섬겨야 했다. 그들은 누구도 서 있도록 허락되지 않는 장소에서 "섬김"의 목적을 위해 말 그대로 서 있어야 했다.

제사장은 제단에 서 있도록 허락되었고, 그래서 "하나님의 떡"을 제공할 수 있었고, 야훼 앞에서 향을 올리기 위해 성소로 들어가도록

---

[12] Kleinig, *The Lord's Song*, 39-40에 있는 토론과 나의 기사, "Attendants of Yahweh's House: Priesthood in the Old Testament," *Journal for the Study of the Old Testament* 85 (1999): 15-20. 그리고 더 복잡하지만 나의 책, *The Priesthood of the Plebs: the Baptismal Transformation of Antique Order* (Eugene, OR: Wipf & Stock)을 보라.

허락되었고, 또한 대제사장은 이스라엘을 위한 속죄의 사역을 거행하기 위해 지성소 안에 "서 있도록" 허락되었다. 제사장은 "섬기기" 위해 "서 있는" 사람이었다(민 16:9; 신 10:8; 17:12; 18:5; 왕상 8:11; 대하 5:14; 29:11; 겔 44:11, 15).

역대상에서 이 언어는 제사장과 레위 사람의 음악 사역을 묘사하기 위해 채택되었다. 우리는 동사 "섬기다"(*sharat*)가 음악 사역에 어떻게 적용되었는지를 이미 보았다. 그리고 같은 것이 "서다"(*amad*)에 적용된다. 역대상 15:16에서는 다음과 말한다.

> 다윗이 레위 사람의 어른들에게 명하여 그의 형제들을 노래하는 자들로 **세우고**(appoint), 비파와 수금과 제금 등의 악기를 울려서 즐거운 소리를 크게 내라(대상 15:16).

여기서 '어포인트'(appoint)는 '아마드'('*amad*)의 형태를 번역한 것이며, "서 있도록 하게 하다"를 의미한다. 이처럼, 다윗은 음악 "사역"을 위해 언약궤 앞에 "레위 사람이 서 있도록 했다. "다윗의 가르침에 대한 순종 안에서, 레위 사람은 요엘의 아들 헤만과 또 다른 사람들을 "서 있도록 했다"(15:17). 두 동사는 역대상 6:31-33 상반절에 함께 등장한다.

> 언약궤가 평안을 얻었을 때에 다윗이 여호와의 성전에서 찬송하는 직분을 **맡긴**('*amad*) 자들은 아래와 같았더라 솔로몬이 예루살렘에서 여호와의 성전을 세울 때까지 그들이 회막 앞에서 찬송하는 일을 **행하되**(*sharat*) 그 계열대로 직무를 **행하였더라**('*amad*) 직무를 행하는

('amad) 자와 그의 아들들은 이러하니(대상 6:31-33).

이처럼 모세의 전문 용어(서다와 섬기다)는 찬양 사역을 묘사하기 위해 사용되었다. 심지어 율법이 찬양 "사역"을 위해 "서 있는" 레위 사람을 절대 언급하지 않는다 할지라도 말이다. "서는 것" 혹은 "직무"는 원래 짐승을 도살하기 위해서, 그리고 하나님의 전을 돌보기 위해 확립되었다. 하지만 이제 찬양의 목적을 위해 "서 있게"되었다.[13]

더욱이 노래하는 레위 사람은 '미쉬메레트'(mishmeret) 혹은 "경계하는 자"(watches)로 조직되었다(대상 25:8; NASB는 "duty"로 그 단어를 번역한다).[14] 그 히브리 명사는 동사 '샤마르'(shamar)에서 유래했고, "지키다"(to guard)를 뜻한다. 또한, 민수기에서 모세 성막에서 제사장과 레위 사람의 지키는 직무를 언급하기 위한 여러 구절 속에서 그 명사와 동사가 함께 사용되었다(민 1:53; 3:7; 8:26; 18:3-5).[15] 성막에서 레위 사람은 문자 그대로 출입구를 지켰고, 권한이 없는 이스라엘 사람이 성소 안으로 침입하는 것을 막기 위해 무장했다.

역대상 25:8은 성전에서 레위 사람의 직무를 기술하는 문맥 속에서 그 명사형을 사용할 때, 율법에 익숙한 이스라엘 사람은 의심 없이 그 집을 지키는 것과 관련된 구절들을 회상했다. 레위 사람은 한때 성막에서 "지키는 직무를 했던"(did guard duty) 것처럼, 현재 그들은 성전

---

[13] 역대상 16:4는 관련된 구절이다. 그러나 조금 다른 전문용어를 사용한다. NASB에서는 'appoint'로 번역된 단어는 '나탄'(natan)은 "give"다. 그러나 'ministers'는 '샤라트'(sharat)의 명사형이다.
[14] Kleinig, *The Lord's Song*, 41-42.
[15] Milgrom, *Studies in Levitical Terminology*, vol. 1. esp. 8-16.

에서 "수호자"(guardians) 모듬으로 나뉘었다.

벌써, 지키는 직무의 형태가 변혁되거나 적어도 추가적인 차원이 발생했다. 침입자를 죽이는 대신에(혹은, 아마도, 게다가), 레위의 수호자가 이제는 노래를 부르고 악기를 연주함으로써, "지키는 직무를 행한다"(do guard duty). 음악적인 수행은 지키는 직무의 은유 아래서 묘사된다.

제사장과 레위 사람의 사역 수단과 도구는 악기를 포함하는 것으로 확장된다.[16] 음악의 "도구"를 위해 사용된 히브리어 단어(keli; 예로, 대상 15:16, 16:5)는 제단 사역과 연관된 "기명"(utensils)을 위해서도 사용되었다(갈고리, 대야, 주전자, 대접, 가위 등). 이것들은 "여호와의 성전을 섬기는 데에 쓰는 모든 그릇"(keli) 혹은 "모든 섬기는 데에 쓰는 기구"(keli)로 불러었다(대상 28:13-14).[17] 다윗의 시대에, 음악의 "기

---

[16] Kleinig, *The Lord's Song*, 77-84. 클레이닉은 희생 제의 안에서 제사장에 의해 사용된 "거룩한 기구"와 "부차적인 제의 양상" 안에서 레위 사람에 의해 사용된 "섬기는 기구" 사이를 구별하려고 했다(78). 비록 상이한 구절이 성전 기구를 위해 사용되었고 역대상 9:28-29에서 몇 가지 그런 구별이 암시된다 할지라도, 그 구절이 항상 클레이닉이 주장하는 방식 안에서 사용된 것은 아니다. 그는 "거룩한 기구"를 설명하기 위해 역대하 5:5을 인용한다(78, n. 1). 그러나 그 구절은 언약궤 앞에서 섬기는 일에서 레위 사람에 의해 사용된 기구를 언급하는 것이지, 제사장에 의해 사용된 희생 제의의 기구는 아니다. 클레이닉의 정의에 의하면, 그것들은 "섬기는 도구"로 불려져야 한다. 다른 한편으로, 그는 "섬기는 기구"라는 그 구절에 대한 자신의 해석을 지지하기 위해 역대상 23:26을 인용한다. 그러나 이 구절은 성막 봉사에서 "기구"를 메는 레위의 직무에 대하여 말한 것이며, 이것은 모세 시스템에서 가장 거룩한 물건을 포함한다. 이처럼 이 두 구절은 상호 교환적으로 사용될 수 있다.

[17] 여기서 "섬기다"(service)는 '아보다'를 번역한 것이다. 그 단어는 성막 기구에 대한 레위의 운반 혹은 육로 수송을 위한 일반적인 단어이다.

명"(utensils)은 "여호와를 섬기는 도구"의 추가된 범주였다.

희생 제의의 "기명"과 "악기"의 병행은 둘 다 가치와 거룩함의 정도에 따라 분류되었다는 사실에 의해 설명된다. 앞 장에서, 나는 모세의 성막 재료와 기구가 등급이 매겨진 가치 시스템에 의해 조직되었음을 강조했다. 성전 뜰에 있는 놋 제단에서부터 성소의 나무 그리고 황금 가구까지, 언약궤-덮개와 그룹의 순금에 이르기까지 말이다. 유사하게, 놋 기명이 있고(대하 4:16), 은과 금이 있다(대상 28:14, 17). 악기와 관련해서, 등급은 사용된 재료와 일치하지 않는다.

그러나 그 악기를 연주했던 사람과는 일치한다. 제사장이 나팔을 불고(대상 15:24; 16:6, 42), 레위 사람은 제금, 수금, 비파와 목소리로 사역했고(대상 15:16, 28; 16:5; 25:1, 3, 6), 한편 이스라엘 백성은 주로 그들의 목소리로 예배에 참여했던 것으로 보인다(대상 16:36 하반절). 아래의 표에서 볼 수 있듯이, 악기의 등급은 사람과 장소의 등급을 모사(模寫)한다.

사람의 지위	장소	악기
제사장	성소	나팔
레위 사람	뜰(제사장을 돕는)	수금, 비파, 제금 등
이스라엘	뜰	목소리

다시, 우리는 다윗이 모세의 의식법을 신선한 방식에서 적용하고 있는 것을 본다. 희생 제사 "기명"(utensils)의 분류는 이제 음악의 "기구"(utensils)에 적용된다.

3. 레위 사람의 가문

다윗의 예배 시스템이 율법의 적용이었다는 최종적인 지적은 레위 족속 내부 가문의 직무 분배와 관련되어 있다.[18] 레위는 세 아들-고핫, 므라리, 게르손이 있었다. 그리고 민수기 4장에 따르면, 각각의 가문에 모세 성막의 특정한 부분을 운반하는 책임을 줬다. 그 특별한 할당은 아래 표에서 보는 바와 같다.

가문	직무
고핫	가구, 민 4:1-20
게르손	휘장, 민 4:21-28
므라리	틀, 기둥, 받침, 민 4:29-33

다윗이 예루살렘에 있는 자신의 장막에서 레위의 '아보다'의 음악적 형식을 확립했을 때, 레위의 세 가문은 다시 특별한 직무를 받았다. 역대상 6:33-47에 따르면, 헤만은 노래하는 중심 인물이었고, 그의 우편에 아삽이 함께 했고(39절), 그의 좌편에는 에단이 있었다(44절). 이 세 명의 주요 음악가는 각기 다른 레위 가문 출신이었다. 헤만은 고핫 자손, 아삽은 게르손 자손, 에단은 므라리 자손이었다(33, 39, 44절). 비록 레위 사람의 직무가 변했다 할지라도, 모세 집안의 구조는

---

[18] 클레이닉은 아래의 논의를 위해 많은 재료를 제공하지만, 이 구체적인 논지를 제시하지는 못한다. 그러나 James B. Jordan, "1 Chronicles and Levites" (Lecture Outline for Eleventh Annual Biblical Horizon Summer Conference, 2001), 14를 보라.

그대로 남아 있었다.

호기심을 자극하는 것은, 다윗의 임명은 예상된 직무의 분배를 따르지 않는다. 에단(여두둔이라 불리는)과 나란히 고핫 자손 헤만은, 모세의 성막에서 제사장과 더불어 사역하도록 기브온 산당에 배치되었다(역대상 16:41-42).

한편, 게르손 자손 아삽은 언약궤 앞에서 섬기도록 그의 형제와 함께 남겨졌다(16:37). 율법으로부터 사람들은 고핫 자손에게 언약궤 앞에서 섬기는 일을 기대했을 것이다. 확실히, 다윗의 배열에는 논리가 있다. 지금까지 고핫 자손 헤만은 대부분의 성막 기구가 위치한 장소에서 사역했다. 아직, 언약궤와 게르손 자손의 연계는 새로운 것이었다. 그리고 엘리의 가문에서 사독의 가문으로 제사장의 특권이 이전되는 것과 아마 관련이 있었던 것 같다.

이는 율법과 언약 안에 변화가 있기 때문이며, 제사장 직분에, 그리고 제사장과 더불어 섬기는 레위 사람 가운데 책임의 분배에, 상응하는 변화가 있었기 때문이었다. 또한, 이 사례들 속에서 우리는 다윗이 모세의 제의적 율법을 집행하고 있음을 이해한다(레위 사람을 가문으로 나눔으로써). 그러나 또한 새로운 환경에 그것을 조정하는 것도 인지한다(책임을 재분배함으로써).

4. 기억의 노래

레위 사람과 제사장에 대한 다윗의 배정은 율법의 적용에서 성장한 것이며, 또한 그들이 수행했던 음악 예배 또한 모세의 범주를 따라 이해되었다. 클레이닉이 지적처럼, 여기서 중요한 본문은 민수기 10:9-10이다.[19] 역대상 16:4에 따르면, 다윗은 "레위 사람을 세워 여호와의 언약궤 앞에서 섬기며 이스라엘 하나님 여호와를 칭송하며(celebrate) 감사하며 찬양하게" 하였다.

민수기 10장에 대한 암시는 "칭송하며"(celebrate)라는 동사에서 발견되는데, 이 단어는 '자카르'(zakar)의 동사형, '하즈키르'(hazkir)를 번역한 것이다. 일반적으로, '자카르'는 "기억"을 의미하는데, "스가랴"의 이름처럼, "야훼가 기억하다"를 의미한다.

실제로, NASB가 이 단어를 '셀레브레이트'(cerebrate)로 번역한 곳은 어디에도 없다. 특히 역대상 16:4에서 사용된 '자카르'의 동사형은 "기억하도록 하다"를 의미한다. 또한, 흠정역(Authorized Version)은 히브리어에 더 근접한다. 다윗은 "또 레위 사람을 세워 여호와의 궤 앞에서 섬기며 이스라엘 하나님 여호와를 **기억하고**(record) 감사하며 찬양하게 하였다." 이처럼, 음악에 관한 레위의 직무는 감사와 찬양으로 여호와를 즐거워하고 영광 돌리는 것뿐 아니라, "그를 기억하도록 하기" 위함이었다.

또한, 음악 수행 역시 율법에서는 하나의 기억으로 묘사된다. 민수기 10장에 의하면, 야훼는 두 개의 은나팔을 만들도록 모세에게 지시하시는데, 그 은나팔은 전투를 위해 군대를 소집하는 것과 이스라엘 예배의 특정한 부분에 사용되었다.

> 또 너희 땅에서 너희가 자기를 압박하는 대적을 치러 나갈 때에는 나팔을 크게 불지니 그리하면 너희 하나님 여호와가 너희를 **기억하**

---

[19] Kleinig, *The Lord's Song*, 34-37.

고(zakar의 한 형태) 너희를 너희의 대적에게서 구원하시리라 또 너희 희락의 날과 너희가 정한 절기와 초하루에는 번제물을 드리고 화목제물을 드리며 나팔을 불라 그로 말미암아 너희의 하나님이 너희를 **기억하시리라**(zikaron) 나는 너희의 하나님 여호와니라(민 10:9-10).

괄호 속에서 지적한 것처럼, "기억하고"라고 번역된 히브리어 동사는 '자카르'의 수동태이다. 그리고 다음 10절에 "기억" 혹은 "기념"이라는 명사는 같은 동사에서 나온 히브리어 '자카론'(zikaron)이다. 따라서 모세오경에서 예배 음악에 관련된 분명한 한 가지 설명은, "기억"이라는 개념을 사용한 것이다. 이것이 그들의 합창 예배와 관련해서 레위 사람을 겨냥한 다윗의 가르침의 기초였다.

5. 다윗 치하에서 음악과 희생 제사 [20]

전문 용어와 실천에 대한 이 모든 변혁에 기저를 이루는 유비는 음악의 수행과 희생 제사 사이에 있다. 위에서 논의 한 구절에 더하여, 역대기는 레위 사람 찬양대와 오케스트라가 "찬미의 제사"를 드리는 것이라고 분명히 언급한다. 음악은 희생 제사의 은유 아래서 이해되었다.

다윗의 성막에서 불린 노래는 기브온 모세의 성막에서 행한 희생 제사와 함께 작동되었다. 그리고 이런 예배의 형식은 이후에 솔로몬

---

20 Kleinig, *The Lord's Song*, 34-37, 4장.

성전에서 단일한 예배로 통합된다. 다윗 시대에 공간적으로 분리된 두 예배의 조화는 레위 사람의 음악 예배를 묘사하기 위해 사용된 여러 가지 용어로부터 명확해진다.

역대상 16:37에 따르면, 아삽과 그의 형제는 예루살렘에 있는 언약궤 앞에서 "항상, 날마다 그 일대로" 노래했다. "항상"과 "날마다 그 일대로"라는 말은 둘 다 모두 레위의 용어다.[21] "항상"은 '타미드'(tamid)의 번역인데, 모세의 성막에서 아침과 저녁 제사를 위한 기술적인 용어다.

출애굽기 29:41-42은 어린 양을 번제로 드리라고 명하는데, "대대로 여호와 앞 회막 문에서 **늘**(tamid) 드릴 번제"이다. 민수기 28-29장에서 같은 단어가 17회 사용되는데, 매일 드리는 번제와 관련된 것이다. 민수기 28:3-4은 다음과 같이 요구한다.

> 일 년 되고 흠 없는 숫양을 매일 두 마리씩 상번제로 드리되 어린양 한 마리는 아침에 드리고 어린양 한 마리는 해 질 때에 드릴 것이요 (민 28:3-4).

"시내산에서 정한 **상**(tamid)번제로서 여호와께 드리는 향기로운 화제"다(28:6).

달력에 정해진 대로, 추가로 짐승이 드려졌지만, 이런 것들은 언제나 **상**번제 위에 그리고 지나치게 한 것이었다. "상번제와 그 전제 외에 매 안식일의 번제"로서 두 마리의 추가적인 숫양이 드려졌다

---

21 Kleinig, *The Lord's Song*, 74-75.

(28:10, 28:15, 24, 31; 29:6, 11, 16 등을 참조). '타미드'가 다윗의 장막에서 음악의 직무에 적용될 때, 그 개념은 레위 사람이 아침 저녁으로 노래를 불렀다는 말이 아니라, 기브온에서 상번제가 드려지는 동안 그들이 노래했다는 말이다(대상 16:40을 보라).

"날마다 그 일대로"라는 구절, 혹은 몇 유사한 구절은 이스라엘의 지정된 때나 절기와 관련되어 사용된다.[22] 레위기 23:37은 이런 말들과 함께 이스라엘의 예전 시간표를 요약한다.

> 이런 것들은 여호와의 절기라 너희는 공포하여 성회를 열고 여호와께 화제를 드릴지니 번제와 소제와 희생제물과 전제를 **각각 그 날에** 드릴지니(대상 16:40).

역대하 8:12-13에서도, 솔로몬은 모세의 율법을 따라 "매일의 일과대로" 정한 절기를 지켰다. 그리고 유수에서 회복된 공동체는 초막절을 지켜 번제를 "매일 정수대로 날마다" 드렸다(에 3:4). 이처럼, 이 구절은 특히 이스라엘의 절기에 드리던 추가적인 동물 제사와 연관된다.

즉 "매일의 일과대로" 드려진 제사에 상번제가 더해진 것이다. 두 용어는 음악 수행에 적용되었는데, 이것은 매일의 제사 때에 찬송이 시온에서 불리었음을 의미한다. 분명히 고조된 음악의 수행이 절기의 날에 일어났고, 고조된 희생 제사의 예배와 조율되었다.

---

[22] Kleinig, *The Lord's Song*, 75.

수많은 구절에서, 음악과 희생 제사의 일시적인 합력이 분명히 서술된다. 역대상 23:30-32은 다윗이 미래의 성전에서 그들의 직무를 레위 사람에게 가르친다.

> 아침과 저녁마다 서서 여호와께 감사하고 찬송하며 또 안식일과 초하루와 절기에 모든 번제를 여호와께 드리되 그가 명령하신 규례의 정한 수효대로 항상 여호와 앞에 드리며 또 회막의 직무와 성소의 직무와 그들의 형제 아론 자손의 직무를 지켜 여호와의 성전에서 수종드는(*abodah*) 것이더라(대상 23:30-32).

특별히, 여기서 '타미드'의 사용을 검토함으로써 우리가 도달한 결론이 완벽하고, 확실하다는 것에 주목하자. 레위 사람은 "아침과 저녁마다" 서서 찬송해야 한다. 이 구절은 "감사와 찬송"이 레위 사람의 "섬김"에 더해졌다는 것을 확증한다. 모세오경의 주어진 용례에서 볼 때, 우리는 레위 사람이 "매일 섬기기 위해 서 있는 것"을 말하려는 내용을 고대한다. 그러나 그 대신 우리는 그들이 "감사와 찬양을 드리기 위해 서 있는" 것을 읽는다. 노래가 "섬김"의 한 형식이 되었던 것이다.

즉 야훼 앞에서 소리의 향기는 마치 희생 제사의 연기가 올라가 그분의 진노를 달래었듯이 그분을 기쁘게 한다. 역대기의 또 다른 구절은 음악과 희생 제사가 성전에서 함께 드려졌음을 보여준다. 이것은 6장에서 검토할 것이다.

잠시, 우리는 레위의 전문 용어에 대해 역대기 사가가 이용함으로 희생 제사의 사역과 희생 제사의 예배가 언약궤가 시온의 그 장막에 안치되었을 때 중단되지 않았다는 결론을 내릴 수 있다. 비록 뿌려진 피도 없고, 세워진 제단도 없고, 올려진 연기도 없지만, 아직 희생 제사는 여전히 일어나고 있었다.

언약궤가 그 장소에 올라갔다. 그것은 종말의 시작이다. 그 순간, 노래보다 더 자연스러운 것은 아무것도 없었다. 그 순간, 레위 사람은 살아있는 희생 제사로서 자신의 몸을 드리기 시작하고, 그들의 목소리는 노래의 구름이 되어서 야훼께 올라가고 있었다.

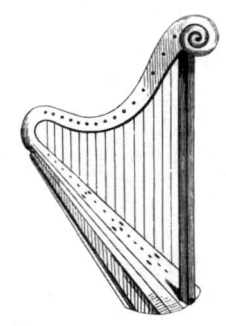

From Silence To Song

제5장

다윗의 장막
The Booth of David

앞의 두 장에서 보았듯이, 다윗의 성막(tabernacle)과 그 예배는 이스라엘의 예배에 있어서 하나의 중요한 발전이었다. 하지만 그것은 종말론에 관해서 산재한 암시가 가리키는 대로, 모형론적으로도 중요하다. 서론에서 주목한 것처럼, 다윗의 장막은 시온에 세워진 단 하나의 그리고 유일한 성소였다.

시온(Zion)은 분명히 전문적인 용어와 상징이다. "시온"은 솔로몬이 언약궤를 모리아에 가져가서 성전에 두었을 때, 성전산(temple mount)에 옮겨졌다. 그러나 시온의 소망의 원천은 다윗 성막이었다. 나는 구약의 선지자들이 회복된 모리아가 아니라, 회복된 시온에 의한 이스라엘의 소망을 항상 표현해 왔다고 강조했다.

이처럼, 다윗이 시온에 확립한 제도는 고대 이스라엘의 종말론적 프로그램 속에 희미하지만 아주 큰 것이었다. 특별히 한 구절, 아모스 9:11-12은 다윗의 장막과 분명히 연관되어 있다. 이 구절은 예루살렘 공회에서 초대교회의 숙고 가운데서 그 역할을 하고 있기 때문에 더욱 의미심장하다(행 15:12-21). 이러한 구절이 관심의 초점이 될 것이다. 그러나 아모스 9장은 다루어야 할 많은 구절 가운데 하나라는 것을 기억해야 한다.

논의는 여러 단계로 진행될 것이다. 나는 아모스 9:11-12이 어떤 맥락 가운데 있는지 살피고, "다윗의 장막"(booth of David)이 가리키는 역사적인 지시 대상물이 시온에 세워진 그 언약궤-장막(the ark-tent)이라고 주장할 것이다. 나는 아모스에서 더 큰 맥락을 숙고하면서 그 사실을 확증할 것이다.

또한, 아모스가 다윗 장막의 합창 예배(choral worship)의 부흥을 명확하게 약속했다는 것을 보여줄 것이다. 신약성경으로 돌아가서는, 예루살렘 공회에서 아모스의 예언에 대한 사용을 검토하고, 그리고 최종적으로 폭넓은 모형론적 그림을 묘사할 것이다.

1. 유수에서 돌아오다

아모스 9장에 따르면, 다윗 장막의 회복은 다윗이 자신의 권세를 얻었던 그 시초의 사건을 되풀이하는 일단의 사건의 끝 지점에서 일어날 것이다. 우리가 일찍이 주목했던 것처럼, 언약궤는 아벡 전투 후에 블레셋의 포로가 되었고, 기럇여아림 이방인 성읍 안에 [이방인] 아비나답의 집에서 수십 년을 보낸 후에야, 다윗이 그것을 예루살렘으로 가져왔다. 유사하게, 아모스 9장은 그 백성을 포기하고 포로로 보내겠다는 야훼의 위협으로 시작한다. 야훼는 "기둥머리를 쳐서 문지방이 움직이게 하며, 그것으로 부서져서 무리의 머리에 떨어지게 하라"(9:1)고 명령하신다.

이 구절은 기둥으로 묘사된 이스라엘의 귀족과 지도자의 파멸과 연관된다. 아벡 전투 이전의 엘리와 그의 아들처럼, 이스라엘 사회의 기둥은 사탄화 되고 말았다. 그래서 그들의 머리(기둥머리)가 부서질 것이다(창 3:15 참고). 이스라엘의 남은 자들에 대해서 말하자면, 그 집안의 단순한 돌인 사람들은 포로의 심판을 겪게 될 것이다. 교차대칭적 구조인 3-4절이 강조하는 것처럼, 피할 수 없게 될 것이다.

  A. 스올로 피할 수 없다: 2절 상반절
     B. 하늘로 피할 수 없다: 2절 하반절
     B'. 갈멜산 꼭대기에 숨을 수 없다: 3절 상반절
  A'. 바다 밑에도 숨을 수 없다: 3절 하반절

야훼로부터 벗어나기 위해 땅속으로 내려가든지 하늘 위로 솟을지라도, 그는 그들을 찾아낼 것이다. 언약의 최종 저주인 유수에서조차(신 28:64-68), 어떤 보호도 받지 못할 것이다.

> 그 원수 앞에 사로잡혀 갈지라도 내가 거기에서 칼을 명하여 죽이게 할 것이라 내가 그들에게 주목하여 화를 내리고 복을 내리지 아니하리라 하시니라(암 9:4).

비록 야훼께서 이렇게 위협하신다.

> 이스라엘 족속을 만국 중에 체질하기를 체로 체질함 같이 하려니와(암 9:9a).

야훼는 다시 이렇게 약속하신다.

> 내 백성 이스라엘이 사로잡힌 것을 돌이키리니 그들이 황폐한 성읍을 건축하여 거주하며 포도원들을 가꾸고 그 포도주를 마시며 과원들을 만들고 그 열매를 먹으리라(암 9:14).

그러면서 그분은 이렇게 말씀하신다.

> 저희를 그들을 그들의 땅에 심으리니 그들이 내가 준 땅에서 다시 뽑히지 아니하리라(암 9:15).

주께서 이스라엘을 포로로 보내신 것처럼, 그분은 그들에게서 등을 돌리시고, 그들을 단지 또 다른 우상숭배의 나라처럼 다루신 것이다.
이스라엘의 특별한 지위가 근본적으로 상대화된 것이다.

> 여호와의 말씀이니라 이스라엘 자손들아 너희는 내게 구스 족속 같지 아니하냐(암 9:7a).

이스라엘이 출애굽을 들먹이며 열방에서 특별히 구별되었다고 항의하고, 세상 가운데서 특별한 지위가 있음을 입증하려고 한다면, 야훼는 그에 대한 답을 가지고 계신다(7절).

> 내가 이스라엘을 애굽 땅에서, 블레셋 사람을 갑돌에서, 아람 사람을 기르에서 올라오게 하지 아니하였느냐(암 9:7b).

이스라엘의 출애굽은 전혀 독특한 사건이 아니었다. 블레셋과 아람 사람들도 자신들의 탈출(exodus) 전승을 가지고 있다. 하지만 야훼는 당신이 이스라엘을 완전히 파괴하지 않을 것이라고 약속하신다.

   비록 그들이 체에서 체질 당하는 곡식같이 만국 중에서 흔들릴지라도, "알곡은 땅에 떨어지지 않을 것이다"(9절). 그들이 땅으로부터 쫓겨나게 되겠지만, "날이 이르면" 그 가운데서 그들의 번영은 새로워질 것이며, 그들은 그 땅(단 포도주를 흘리며 작은 산들은 녹게 될 에덴의 땅)에서 영원히 다시 심기게 될 것이다(13-15절). 이러한 맥락에서, 무너진 다윗의 장막이 회복되고, 틈을 막고, 허물어진 것이 일으켜 세워지고, 에돔과 다른 이방 나라들 위에 높아지는 그 약속이 온다.

   이처럼, 아모스 9장은 일련의 사건들을 예고한다. 즉 바벨론 유수와 야훼가 이방인에게로 돌이키고, 이스라엘이 회복되며, 이스라엘이 높아진다. 이것은 다윗 통치 이전과 그의 치세 동안의 언약궤의 역사를 되풀이한다. 따라서, 아모스 9장은 그 회복이 다윗의 언어로 기술될 것이라는 기대심으로 우리를 이끈다.

2. 무너진 장막을 일으키다 [1]

   이처럼, 아모스는 이러한 말로 유수 후의 이스라엘의 회복을 묘사한다.

---

[1] 나는 나의 미발행 글, "The Booth of David, Amos 9:11-12"에서 이 구절을 더 자세하게 다루었다.

그날에 내가 다윗의 무너진 장막을 일으키고 그것들의 틈을 막으며 그 허물어진 것을 일으켜서 옛적과² 같이 세우고 그들이 에돔의 남은 자와 내 이름으로 일컫는 만국을 기업으로 얻게 하리라 이 일을 행하시는 여호와의 말씀이니라(암 9:11-12).

11절은 다음과 같은 구조다.

그날에
내가 다윗의 무너진 장막을 **일으키고**
그것들의 틈을(the breaches)막으며
그 허물어진 것(his ruins)을 **일으켜서**
그것을 세울 것이다
옛적과 같이

---

2   이 대명사를 번역하면서 나는 W. C. Kaiser, "The Davidic Promise and the Inclusion of the Gentiles(Amos 9:9-15과 사도행전 15:13-18): A Test Passage for Theological System," *Journal of the Evangelical Theological Society* 20(1977), 101-102를 따랐다. 첫 번째 접미어는 여성 복수다("그것들의 틈"). 카이저(Kaiser)는 아모스가 이스라엘과 유다 사이의 틈에 대해 미래의 치유를 전망했던 증거로 그것을 취한다. 두 번째 접미어는 남성 단수("그의 허물어진 것")다. 그래서 카이저는 곧장 모형론적 방식 안에서 그리스도의 부활에 대한 언급으로 이것을 본다. 즉 문맥 안에서, "그"(his)는 단지 "다윗"만을 언급한다. 마지막 접미어(여성 단수, "장막"의 여성 단수와 일치한다)만이 장막(the booth)과 관련이 있다("그것을 세울 것이다"). 따라서, 이 구절은 대명사의 형식 속에서 완전한 구속 역사, 곧 이스라엘-유다의 통일, 예수의 부활, 그리고 하나님 나라의 건립을 제시한다. 나는 카이저가 옳다고 믿지만, 그 대명사의 번역은 이 구절에 대한 나의 논의에 아주 적은 영향을 미친다.

"날"과 옛 "적"(days)의 '인크루지오'는 도래하는 회복의 날이 옛적, 특히 다윗의 날을 되풀이할 것이라고 가리킨다.

"장막"(booth)이라는 단어 그 자체는 임시변통이며 한시적인 주거지를 말한다. 그리고 그 사용처의 대부분은 초막절 동안 이스라엘에 의해 만들어진 "초막"을 언급한다(Succoth, 숙곳 혹은 "초막"이라 불린다). 이스라엘의 회복이 무너진 "다윗의 장막"(sukkat dawyd, 수카트 다윗)의 회복과 연관된다는 아모스의 약속은 다양한 방식으로 해석되었다.[3]

다수의 학자가 정치적인 이미지로 이 구절을 보지만, 단어의 구체적 지시 대상에 관해서는 일치하지 않는다. 어떤 사람은 회복된 다윗의 왕조에 대한 약속으로 그것을 해석하고,[4] 또 다른 사람은 다윗의 장막이 "그 외에는 어디에도 언급된 적이 없다"라고 주장하거나, 하나의 혁신적인 "다윗 왕국에 대한 직유"라고 결론짓는다.[5] 또 다른 사람은 그 장막이 다윗의 제국을 대표한다. 그러한 이유에서, 아모스는 에돔에 대한 이스라엘의 지배를 언급한다(12절).

이러한 의견 중에 어느 것도 확실한 것은 없다. 이 예언에 대한 정치적인 것이 분명히 있고, 심지어 국제적인 차원이 있지만(12절), 그

---

3 H. Neil Richardson은 "SKT (Amos 9:11): 'Booth' or 'Succoth'?" *Journal of Biblical Literature* 92 (1973), 375-376에 다양한 옵션을 검토한다.
4 Kaiser, "The Davidic Promise and the Inclusion of the Gentiles," 101: Richardson, "SKT," 475 cites Harper and Cripps, 한편 듀폰(Dupont)은 이 결과를 위해 하엔첸(Haenchen)에서 인용한다("Jerebatirai la cabane de David qui est tombee' (Ac 15, 16' Am 9, 11)" in E. Graber and O. Merk, *Glaube und Eschatologie: Festschrift fur Werner George Kummel* [Tübingen: Mohr, 1985], 22).
5 M. D. Tabernacle, "Rosen und Lavendel nach Blut und Eisen: Intertexuality in the book of Amos," *Old Testament Studies* 10/2(1997), 315.

이외의 곳에서 다윗 왕조는 장막이 아니라 오히려 하나의 '**집**'(*bayt*, 베이트)이라 불렸다(예, 삼하 7:11). 또한, '**수카**'(*sukkah*)라는 단어도, 일반적으로 엉성하고, 임시변통적이며, 적어도 한시적인 구조를 일반적으로 함의하지만, 회복된 왕국 혹은 제국의 이미지로는 거의 사용되지 않는다.

하나의 대안으로서, H. 네일 리차드슨(H. Neil Ricardson)은 '**수카트**'(*sukkat, sukkot*[숙콧]이라 읽는다)는 어떤 물건이라기보다는 하나의 장소를 부르는 것이라 제안한다. 그 이유는 "다윗의 무너진 '**숙곳**'(*Succoth*)을 회복하겠다"는 야훼의 약속 때문이다. 리차드슨의 논증은, 사무엘하 11:11과 열왕기상 20:12은 군사적인 "텐트"가 아니라, 트랜스요르단의 도시, 숙곳을 언급한다는 결론에 부분적으로 의지한다.

리차드슨에 따르면, 숙곳은 동쪽을 향한 다윗의 군사 작전의 한 기지로 사용되었고, 숙곳을 지키는 일은 다윗이 암몬 사람의 도시, 랍바를 통제 가능하게 해 주었다. 특히 "숙곳을 가로질러 시리아로 가고자 할 때, 예루살렘과 세겜을 연결해 주는 가장 중요한 도로 중의 하나"로 사용되었다. 결론적으로, "숙곳은 다윗의 승리와 관련된 도시며, 그의 제국의 발전과 관련되어 있다."[6]

하지만 리차드슨의 결론은 확실히 그의 증거를 능가한다. 그가 제안한 것처럼, 숙곳은 다윗의 군사 전략을 위해 중요하지만, 그렇게 되는 것은 기묘하다. 심지어 다윗 자신의 설명에서도 확인하듯이, 숙곳은 다윗 전쟁의 역사적인 기사에서 단 한 번만 언급된다. 더 나아가, 리차드슨이 찾아 언급한 구절, 사무엘하 11:11은 설득력이 약하다.

---

6 "SKT," 377-379.

사무엘하 11:1은 암몬 사람의 도시 랍바를 포위하기 위해 요압이 출전했다고 명확하게 진술한다.

리차드슨의 해석에 근거하면, 11절은 랍바에서 북서쪽으로 약 25마일 떨어진 '숙곳'에 요압을 두는 것이다. 그러한 거리에서 포위 공격을 하는 것은 약간의 과장없이 아주 힘든 일이다. 이는 다윗이 랍바에서 아주 가까운 트랜스요르단 도시들과 지역을 특별히 통제하고 있었기 때문이다(인구 조사는 사무엘하 24:5-7에서 요압에 의해 시행된다).

대조적으로, 아드나(Ådna)는 아모스 시대에 황폐하게 무너진 예루살렘 성전을 언급하는 것으로써 '수카트'를 취한다. 시편의 여러 본문을 인용하면서, 성경 자체가 '수카'로 성전을 언급하고 있다고 그는 주장한다. 게다가 아카드, 메소포타미아, 이집트의 병행 구문 속에서 지지의 근거를 찾는다.[7] 비록 성소에 대한 아드나의 강조가 아모스 9:11의 중요한 뉘앙스를 불러일으킨다 할지라도, 최종적으로는 설득력이 없다.

내가 아래와 같이 주장하듯이, 그가 언급한 시편은 솔로몬 성전에 대해 말하지 않으며, 그리고 어쨌든 '수카'는 하나의 영구적인 건축물에 대한 기묘한 기술이다(대상 23:23을 참고하라). 더 결정적으로, 비록 다윗이 성전의 일을 계획하고, 조직했다 할지라도, 그는 그것을 건축하지 않았다. 그리고 성전은 (당연히) "다윗의 성전"으로 묘사되지 않고, "다윗의 장막"으로도 묘사되지 않는다.

---

7   J. Ådna, "Die Heilige Schrift als Zeuge der Heidenmission: Die Rezeption von Amos 9, 11-12 in Apg 15, 16-18," in Ådna, et. al., eds., *Evangelium, Schriftauslegung, Kirche: Festschrift für Peter Stuhlmacher* (Gottingen: Vandershoek and Ruprech, 1970, 14.

다윗이 시온산에 펼친 장막에 대해 아모스가 말하고 있다는 결론에는 여러 가지 논쟁의 요소들(함정)이 고여 있다.

즉 "장막"(booth)이라는 단어의 용례, 아모스 9장의 맥락, 그리고 아모스 예언의 더 큰 맥락 등이다. 이러한 것을 차례로 논의하게 될 것이다.

3. 야훼의 거처

우선, 여러 구절이 시온에 있는 다윗의 언약궤-성지를 묘사하기 위해 '**수카**'를 사용한다. 사무엘하 11:11에서, "장막"(booths, 진)은 이스라엘의 군사 진영을 묘사하기 위해 사용되었다. 그러나 우리아는 "언약궤"도 "야영 중에 있다"(dwelling in a *sukkah*)고 말한다. 어쩌면 언약궤가 이스라엘과 유다와 함께 전쟁터에 있다는 것을 우리아가 말하고 있는 것일 수 있다.

그러나 우리아는 "바깥 들에 진 치고 있"는 자들 가운데 언약궤를 포함하지 않는다. 이것은 언약궤가 있던 위치와 군대의 위치를 그가 구별하고 있음을 암시한다. 사무엘하의 비교적 넓은 문맥은 이미 언약궤가 장막 안에 있었고(삼하 6:17), "휘장 가운데" 있었다(*btwkhyry'h*, 삼하 7:2)는 것을 말해준다. 이 상세한 두 진술은 사무엘하 11:11을 이전의 구절과 연결시켜 준다.

첫째, 11:11과 7:2에서 언약궤가 "있다"(dwell, *yashab*)고 말하지만, 다윗의 내러티브 안에서 이 단어가 언약궤와 관련되어 사용된 적은 그 어디에도 없다.

둘째, 주제별로 언약궤가 "장막에 거하는" 동안에 쉴 수 없다고 한 우리아의 거절은 언약궤가 "휘장 가운데 있는데" 자신은 "백향목 궁"에 살고 있는 그 부조화(不調和)에 대한 다윗의 초기 인식을 기억 나게 한다(삼하 7:1).

사무엘하 11장에서 다윗은 언약궤가 장막에 있는 동안 자신의 백향목 집에서 한가히 거닐고 있는데, 이것은 사무엘 7장에서 언약궤에 대한 그의 열심과 대조를 이룬다. 다윗은 한때 언약궤에 지대한 열정을 가졌지만, 이제는 우리아에 의해 역전되고 말았다. 우리아는 이스라엘 사람은 아니지만, 야훼의 기름 부음을 받은 자보다 더 큰 존경심을 야훼의 보좌에 보여주었다.

이러한 병행을 따르면, 사무엘하 11:11의 "장막"(booth)은 7:2의 "장막 휘장"을 언급하는 것으로 보인다. 다윗 시대의 일부 시편은, 다윗의 장막-성지(tent-shrine)가 "장/(초)막"(booth)으로 알려진 더 결정적인 증거를 제공한다.[8]

---

[8] 여기서 논의되는 본문은 아드나(Adna)의 목록에 있는 것들이다. 하지만 그녀는 솔로몬의 성전에 관한 언급으로써 그것들을 취한다. 만일 그 시편들의 도입으로부터 다윗에 대한 저작 추정이 진지하게 받아들여 진다면, 그 시편들은 성전에 대한 것일 수 없다. 다윗의 시대에 성전이 세워지지 않았기 때문이다. 내 주장은, (적어도) 이른 시기 그리고 믿을 만한 전통에 서서 그 시편의 표제를 받아들이는 것이다. 시편의 표제가 정경적이라는 논의를 위해서, D. Kidner, *Psalms Tyndale Old Testament Commentary* (Downers Grove: InterVarsity, 1973-1976), 32-46을 보라. R. K. Harrison은 이 입장에서는 보수적이지만, 어떤 시편의 표제에 대해서는 후대의 편집자의 것으로 받는다(*Introduction to the Old Testament* [Grand Rapids: Eerdmans, 1969], 977-983). 정반대로, 모빙켈(Mowinckel)과 차일즈(Childs)와 같은 비평가들은, 그 시편의 표제가 믿을만하지 못하다고 주장한다. 의심을 받는 시편에 대하여 한 가지 요점은, 독창성(originality)과 적

그중에 하나가 "다윗의 시편"으로 알려진 시편 27편이다. 4-6절은 이렇게 말한다.

> 내가 여호와께 바라는 한 가지 일 그것을 구하리니 곧 내가 내 평생에 여호와의 집에 살면서 여호와의 아름다움을 바라보며 그의 성전에서 사모하는 그것이라 여호와께서 환난 날에 나를 그의 **초막**(*be-sukkah*) 속에 비밀히 지키시고 그 **장막**(*ohel*) 은밀한 곳에 나를 숨기시며 높은 바위 위에 두시리로다 이제 내 머리가 나를 둘러싼 내 원수 위에 들리리니 내가 그의 **장막**(*ohel*)에서 즐거운 제사를 드리겠고 노래하며 여호와를 찬송하리로다(시 27:4-6).

시편의 이 부분은 안식과 피난처로서 주님의 거처에 초점을 맞춘다. 또한, 다윗은 이러한 거처를 야훼의 "집"과 "성전" 뿐만 아니라, 그의 "장/(초)막"(booth) 과 "장막"(tent)으로써 언급한다. 더구나, "장막"은 분명히 예배의 장소로서, 다윗이 "즐거운 제사"를 드리며 "노래하여 여호와를 찬송하기"를 소망했던 그곳이 틀림없다. 구조적으

어도 도입 표제의 이름(earliness)에 대하여 강력히 지지한다. 성전에 대한 언급을 포함 시키면서(예를 들어, 시 27:4) 시편에 표제를 붙이는 후대의 한 편집자는, 성전이 세워지고 난 이후에 살았던 시인으로서 그 시편을 맡았을 것으로 기대된다. "이것은 다윗의 시편이 될 수 없는데, 왜냐하면 그것은 성전을 언급하기 때문이다." 다윗의 시대에 성전 시편을 맡은 것은 그 시편이 후대의 편집자로부터 온 것이 아니라, 실제로 다윗의 시대로부터 왔다는 증거다. 이러한 내 주장은 그 시편의 표제 안에 '*le*'에 대한 어떤 특별한 해석에 달려 있지 않다. "다윗에게"(to David)로 구성된 시편은 "다윗에 의하여" 구성된 것처럼 다윗 시대의 것으로 돌릴 수 있다. 토의를 위해서, P. C. Craigie, *Psalms* 1-50, *Word Biblical Commentary no.* 19 (Waco: Word, 1983), 33-35를 보라.

로 "초막"은 "장막"과 병행을 이룬다(5절).

> 주께서 나를 지키신다
> **초막** 속에
> 　환난의 날에
> 주께서 나를 숨기신다
> 　그의 **장막** 은밀한 곳에.

이것은 '**숙갓**'(*sukkah*, 초막)과 '**호엘**'(*ohel*, 장막), 둘 다 다윗이 주의 임재 안에서 안전을 발견하고 그분을 예배하던 성소에 관한 것임을 시사한다. 이미 보았듯이, 다윗 시대에 예배는 기브온의 모세 장막과 시온의 언약궤-장막으로 나뉘었다(대상 16:37-43). 그리고 "초막"과 "장막"에 대한 시편 27편의 언급은 그중에서 하나를 말하는 것이어야만 한다. 둘 다 가능성이 있지만, 시온의 장막이 더 그럴싸하다.

시온은 이스라엘을 위한 예배의 중심지가 되었다. 이는 시온의 장막이 그 수도 안에 있는 야훼의 성지(聖地)였고, 그것이 다윗의 요새 안에 있었기 때문이었다. 게다가, 사무엘서와 역대기그 어디에서도 기브온에서 다윗이 예배드렸다는 것을 발견할 수 없다.

"장막"을 언급하는 또 다른 다윗의 시편은 31:19-21이다.

> 주를 두려워하는 자를 위하여 쌓아 두신 은혜 곧 주께 피하는 자를 위하여 인생 앞에 베푸신 은혜가 어찌 그리 큰지요 주께서 그들을 주의 은밀한 곳에 숨기사 사람의 꾀에서 벗어나게 하시고 비밀히 장막에 감추사 말 다툼에서 면하게 하시리이다 여호와를 찬송

할지어다 견고한 성에서 그의 놀라운 사랑을 내게 보이셨음이로다 (시 31:19-21).

여기서, "장막"은 적들로부터 단순한 피난처라기보다는 오히려 예배의 장소다. 20절의 구조적 배열은 이를 보여준다.

주께서 그들을 숨기신다
주의 얼굴의 은밀한 곳에
사람의 꾀에서 벗어나
주께서 장막에 그들을 감추신다
그 장막에
말다툼에서 면하게.

"장막"은 야훼의 "얼굴" 혹은 임재의 장소인 "은밀한 곳"과 시적으로 병행을 이룬다. 또한, 장막은 거처일 뿐 아니라 야훼의 임재 안의 피난처, 일종의 성소다. 문자적으로, 그 단어가 지시하는 대상은 시온에 언약궤 장막일 가능성이 크다.

두 구절 모두 동사 "숨기다"(hide) 혹은 "거주하다"(shelter, *satar*) 혹은 관련된 명사(seter)를 사용한다. 또 다른 다윗의 시편은 야훼의 "날개" 그늘 안에 "숨고"(hidden) "거한 것"(sheltered)에 대해 말한다.

나를 눈동자 같이 지키시고 주의 날개 그늘 아래 **감추사**(*satar*) (시 17:8).

내가 영원히 주의 장막에 거하며 내가 주의 날개 밑에 **피하리이다**(*satar*)(시 61:4).

야훼의 날개 아래서 보호를 구하는 이미지가 복합적이기는 하지만, 그것은 적어도 주님의 언약궤-보좌를 이루는 그룹의 날개 아래 피난처를 찾으려는 예배자를 묘사하고 있다(출 25:17-22; 삼상 4:4; 삼하 6:2 참조). "날개"와 성소의 연결은 시편 61:4에 분명하다. 다윗이 야훼의 날개 아래서 보호를 찾는 그 장막(tent) 안에 그것이 있기 때문이다. 여기서, 문자적인 대상물은 시온의 언약궤-성지여야 한다. 이는 언약궤 그룹의 날개 아래서 다윗이 피난처를 찾고 있기 때문이다.

그러므로 시편 27편과 31편에서 '**사타르**'(*satar*)의 용례는 야훼의 거처(dwellings)와 그의 날개 아래서의 피난처를 아우르는 복합적인 이미지의 역할을 한다. 이것은, 이 시편들에서 언급된 "장막"(booth)이 다윗의 언약궤-성지였을 가능성을 강화시킨다.

셋째, 다윗의 성막(tabernacle)에 대한 하나의 묘사로써 "장막"에 대한 가장 분명한 용례는 시편 76:1-3에서 온 것인데, 이것은 다윗과 동시대 인물인 아삽의 시편 중에 하나다.

> 하나님은 유다에 알려지셨으며 그의 이름이 이스라엘에 크시도다 그의 장막(*sukkah*)은 살렘에 있음이여 그의 처소는 시온에 있도다 거기에서 그가 화살과 방패와 칼과 전쟁을 없이하셨도다(시 76:1-3).

2절의 병행을 주목하라(히브리어 단어의 순서를 따라).

살렘에 있음이여
그의 **장막**은
그의 **처소**는
시온에 있도다(시 76:2).

이 시편은 다른 시편에서 모호했던 것을 분명히 한다. 즉 장막이 "살렘"(예루살렘)과 특히 "시온"에 있다. 더 나아가, 그 중심 병행은 장막이 야훼의 거처(dwelling)를 가리키며, "처소"(dwelling place)를 가리키는 히브리어 단어 '마온'(ma'on)이 실로의 성막을 위해 사용되었다는 사실에서 강화된다(삼상 2:29, 32). 이처럼, 시온의 장막은 야훼의 임재의 장소, 곧 성소였음을 그 병행 구조가 잘 보여준다. 이것은 예루살렘에서 언약궤를 위해 다윗이 세운 그 장막(the tent)이어야 한다.

아모스 9:11로 돌아가 보자. 우리의 결론은 '**숙갓 다윗**'(sukkah dawyd, 다윗의 장막)이 시온에 있는 언약궤-성지에 대한 시적인 묘사라는 것이다. 그리고 이것이 다윗 시대의 제도를 가장 자연스럽게 묘사하는 방식이다. 따라서 아모스는 예루살렘 안에 있는 다윗의 언약궤-성지의 회복을 약속하고 있다.⁹

---

9 하지만 아모스 9:11의 나머지 말씀은 이 해석을 위해 한 가지 난점을 제시한다. 비록 그것이 장막 혹은 텐트를 "일으킨다"(qum)를 의미한다고 할지라도, "그것들의 틈을 막으며," "그 허물어진 것을 일으켜서" "옛적과 같이 세우고"를 의미하는 것으로 보이지 않는다. 이 구절은 하나의 영구적인 구조—도시 혹은 집—를 제시하는 것으로 보이지, 쉽게 "장막"(booth)으로 묘사될 수 없을 것 같다. 기초적인 문법 단계에서 카이저는 이 대명사의 성(性)과 격(格)에 주목하는데, 이것이 문제를 해결하도록 돕는다. 장막과 함께 특별히 사용된 유일한 동사는 "일으키다"(raise up)와 "세우다"(build)이다. 어려움 없이, 이 두 동

4. 이스라엘 찬양 소리

아모스 예언의 구조 전체에 대한 검토는 이러한 결론을 지지한다. 이 구조를 분석함으로써, 아모스 9:11-12에서 이스라엘을 향해 다짐한 그 약속의 구체적인 힘을 이해할 수 있다. 아모스 예언은 크게 두 부분으로 나눌 수 있다.[10]

아모스 1:1은 이 책이 "드고아의 목자 중 아모스가 이스라엘에 대하여 이상으로 받은 말씀"을 담은 것이라고 말한다. 이 시작 구절은 이렇게 계시의 두 가지 범주를 소개한다. 즉 "말씀과 이상"이다. 아모

사는 "장막"에 적용된다(Kaiser, "The Davidic Promise," 101-102와 각주를 보라). 더욱이, 주제적으로 아모스는 그 회복이, 주된 약속인 회복된 "장막"을 뛰어넘어, 시온의 "요새," 다윗의 도성, 예루살렘 전체를 아우를 것으로 보는 것 같다. 다윗은 그의 치세동안, 이스라엘을 위한 예배의 주요 장소로서 시온을 세웠을 뿐 아니라, 도성을 쌓고, 지었다(삼하 5:9, 11). 더 나아가, '아드나'가 제시한 것처럼, 이사야 1:8은 예루살렘 전체의 도성을 묘사하기 위해 '수카'를 사용한다. 그래서 이것은 아모스 안에 확장된 의미일 수 있다. 그래서 나는 좀 더 적절하게 그의 결론을 살짝 고쳐 보려고 한다. 즉 아모스는 "성전과 도성의 통합(unity)"이 아니라, "언약궤-성지와 도성의 통합"에 대하여 말하려 한 것이다 ("Die Heilige Schrift als Zeuge der Heidenmission," 15). 이러한 접근을 위한 더 나은 증거는, 다음에 논의 될 아모스 5:1-6:14과 9:1-5 간의 병행에 의해 제시된다. 최종적으로, 역대상 6:31은 "야훼의 집"으로써 시온에 있는 언약궤—성지에 대해 말하려는 것으로 보인다. 왜냐하면, 언약궤—성지는 성전의 처음 형태였기 때문이다. 따라서, 그 집(the house)에 알맞은 건축학적 이미지가 그 장막(the tent)에 적용되었다.

10 A. van der Wal, "The Structure of Amos," *Journal for the Study of the Old Testament* 26 (1983), 107-113에 있는 논의 위에 내 주장을 세운 것이다. D. A. Dorsey, *The Literary Structure of the Old Testament: A Commentary on Genesis-Malachi* (Grand Rapids: Baker, 1999), 277-286을 보라. 그는 7개의 부분으로 이루어진 교차대칭 구조(heptamerous chiasm)에서 5:1-17을 그 본문의 중심으로 본다.

스는 말씀의 책과 이상의 책으로 아주 깔끔하게 나뉜다. 1-6장은 시온에서 부르짖는 야훼와 함께 시작한다(암 1:2).

이 장들은 제3인칭 시점으로 야훼의 말씀을 기록한다. 하지만 7장의 시작에는 두 가지 뚜렷한 문체의 변화가 발생한다. 즉 아모스는 1인칭으로 서술을 시작하다가(7:1은 "주 여호와께서 **내게** 보이신"이라고 진술한다), 야훼의 말씀을 기록하는 대신에, 야훼가 그에게 **보여주었던** 장면을 기록하기 시작한다("주 여호와께서 내게 보이신" 7:1과 7:4을 보라. 유사한 구절이 7:7; 8:1; 9:1에 소개된다).

아모스 1-6장의 마지막 단락의 시작은 위치를 정하기 어렵다. 데이비드 돌시(David Dorsey)에 따르면, 5:1-17은 단일 교차대칭 구조를 형성하고, 다음 단락은 5:18-6:14을 보강한다.[11] 하지만 이러한 결론에 의구심이 드는 몇 가지 이유가 있다.

첫째, 시온에서부터 야훼의 최초의 "부르짖음" 이후, "말씀" 단락은 "이 말을 들으라"는 반복적인 서론적 권고에 의해 조직된다(3:1; 4:1; 5:1; 8:4 참조). 보는 바대로, 이 구절이 본문의 새로운 단락을 소개하기 위해 사용된 것이라면, 다음으로, 1-6장의 마지막 부분은 5:1("이 말을 들으라")에서 시작하여 5:1-6:14을 보강한다.

둘째, 5장의 처음 부분은 6장의 마지막 단락과 연결되어 있다는 중요한 '**인크루지오**'가 있다. 5:7은 "정의를 쓴 쑥으로 바꾸며 공의를 땅에 던지는 자들"을 비난함으로써 생생하고 색다른 이미지를 사용하고 있다. 또한, 6:12에서는 "정의를 쓸개로 바꾸며 공의의 열

---

[11] Dorsey, *Literary Structure*, 281-282.

매를 쓴 쑥으로 바꾸는"[12] 자들을 향한 주님의 적개심을 반복적으로 말한다.

셋째, 5:1-6:14은 일반적으로 교차대칭적 내적 배열을 가진다. 다음의 구조를 보라(대응하는 단락 사이의 언어적 연결이 강조되고 있다).

 A. 5:1-7: '남은 열 명'(5:3), '쑥'(5:7), '정의'(5:7)
   B. 5:8-15: '어두움'(5:8), '미움'에 대한 인크루지오
   (5:10, 15), '포도원'(5:11), '포도주'(5:11)
   B'. 5:16-6:8: '포도원'(5:17), '어두움'(5:18), '미움' (5:21; 6:8)
 A'. 6:8-14: '남은 열 명'(6:9), '쑥'(6:12), '정의'(6:12)

5:1-6:14을 더 세분하는 것이 가능하지만, 이것은 단일한 본문 단위로 다루어야만 한다. "이상" 단락의 마지막 경계(예로, 7-9장)는 결정하기가 훨씬 쉽다. 아모스의 "말씀" 단락이 "들으라"는 권면에 의해 조직되는 것과 마찬가지로, 예언에 관한 "이상" 부분의 각 세부 단락은 "보라"는 동사에 의해 시작한다. 9:1이 "내가 보니"로 시작하는데, "보니"라는 동사는 7:1, 4, 7, 그리고 8:1(ra'ah)에서 "보이신"이라는 단어와 같은 히브리어다. 따라서 9:1-15은 아모스 이상의 마지막을 기록한 것이다.

---

12 돌시(Dorsey)는 "뱀"(5:19)과 "독"(6:12, '쓴 쑥') 간의 의심스러운 '인클루지오'를 찾는다. 심지어 5:19절에 독에 대한 언급이 없는데도 말이다.

5:1-6:14의 마지막 "신탁"과 9:1-15의 마지막 "이상" 사이에는 현저하게 많은 병행이 있다. 이 중 어떤 것은 아모스가 두 단락 모두에서 동일한 것을 말하고 있다는 의미에서 엄격한 병행을 이룬다. 하지만 더 자주, 나중 단락(9:1-15)이 앞 구절(5:1-6:14)을 뒤집는다. 그 결과 9장은 5-6장의 심판을 뒤집는다. 이러한 많은 연결을 아래에 나열했다.

(1) 5장은 이스라엘 집에 대한 애가로 시작한다.
"넘어져" 다시 일어나지 못하는 처녀로 그려진다(1-2절). 처녀 이스라엘처럼, 다윗의 장막도 "넘어지고 말았다." 같은 동사(*nafal*)가 5:2과 9:11에서 사용된다. 유사하게, 동사 "일어나다"(*qum*)는 5:2에 두 번 사용되며, 9:11에서 다윗의 장막의 세움을 묘사하기 위해 다시 등장한다. 따라서 9:11은 5장에서 넘어진 것에 대한 세움을 약속한다.[13]

(2) 5:8-9은 야훼를 다음과 같이 소개한다.

> 묘성과 삼성을 만드시며 사망의 그늘을 아침으로 바꾸시고 낮을 어두운 밤으로 바꾸시며 바닷물을 불러 지면에 쏟으시는 이를 찾으라 그 이름이 여호와시니라 그가 강한 자에게 갑자기 패망이 이르게 하신즉 그 패망이 산성에 미치느니라(암 5:8-9).

본질은 다소 차이가 있을지라도, 구조적으로 동일한 찬송이 9:5-6에서 발견된다.

---

[13] M. D. Terblanche, "'Rosen und Lavendel,'" 315.

주 만군의 여호와는 땅을 만져 녹게 하사 거기 거주하는 자가 애통하게 하시며 그 온 땅이 강의 넘침 같이 솟아오르며 애굽 강 같이 낮아지게 하시는 이요 그의 궁전을 하늘에 세우시며 그 궁창의 기초를 땅에 두시며 바닷물을 불러 지면에 쏟으시는 이니 그 이름은 여호와시니라(암 9:5-6).

두 문단은 창조에 대한 하나님의 주권적 통치, 특히 바다에 대한 통치를 강조한다. 둘 다 이 모든 것을 행하시는 하나님이 야훼라 불리시는 분임을 호소력 있게 확언한다.

(3) 5:11에서 아모스는 포도원을 가꾼 자들이 그 포도주를 마시지 못할 것이라고 위협한다.

한편, 9:14은 "그들이 포도원을 가꾸고 그 포도주를 마실 것이라"는 약속과 함께 이 위협을 완전히 뒤집는다.

(4) 5:18-19은 "야훼의 날"을 어둠을 가져오고 많은 사람이 도주하려는 날로 묘사한다.

그러나 탈출구가 없다. 어떤 사람이 사자를 피하려다가 곰을 만나거나 혹은 집에 들어가서 손을 벽에 대었다가 뱀에게 물리는 것 같다.

마찬가지로, 9:3은 야훼의 진노로부터 도피할 수 없음을 강조한다. 구덩이를 파고 지옥으로 가든지 하늘로 올라갈지라도 누구도 안전한 곳을 찾지 못할 것이다(2절). 이는 주님이 "뱀에게 명하시어 그들을 물게 할 것이기" 때문이다(3절). 두 구절 모두 '**뱀**'(*nahash*)이라는 같은 단어와 동일한(재담의) "물다"(*nashak*)는 동사를 사용한다. 아모스의 예언 그 어디에서도 이 명사와 동사가 사용된 곳은 없다.

(5) 5:18은 "야훼의 날"을 사모하는 사람들이 실망하게 될 것을 경고한다.

왜냐하면, 그날은 어둠이요 빛이 아니기 때문이다. 그러나 9:11은 "그날에" 있을 회복과 "날"이 이를 때에 올 큰 번영을 약속한다 (9:13).[14]

(6) 5:19에 따르면, 사자, 곰, 뱀이 "도피하는"(*nus*) 자들을 공격할 것이다. 또한, 같은 동사가 9:1에서 2회 사용된다. 이러한 구절들 외에도, 아모스는 오직 그 동사를 2:16에서만 사용한다.

(7) 5:27은 "다메섹 밖으로 사로잡혀 가게"(*galah*) 되리라는 언약의 저주를 분명하게 진술한다. 비록 기술적인 용어가 같지 않다고 할지라도, 9:4은 이스라엘이 "그 원수 앞에 사로잡혀 갈" 운명이라고 경고한다.

(8) 야훼는 5:27에서 "만군의 하나님"이고 불려지지만, 6:14부터 9:5 사이에서는 결코 "만군"이라는 말을 사용하지 않는다.

(9) 6:1-3에서, 야훼는 시온과 사마리아를 둘러싸인 이방 나라들과 비교된다.

이러한 비교는 이스라엘을 조롱하시려는 것이 아니다. 비슷하게 9:7에서 야훼는 이스라엘을 "구스 족속"(sons of Ethiopia)이라 부르시고, 이스라엘뿐 아니라 블레셋 사람도 출애굽에 대하여 자랑할 수 있다고 말씀한다.

(10) 야훼의 적개심은 특히 6:8에서 그 "성읍," 예루살렘을 겨냥하신다.

---

[14] W. A. G. Nel은 "Amos 9:11-15-An Unconditional Prophecy of Salvation during the Period of the Exile," in J. A. Loader and J. H. le Roux, eds., *Old Testament Essays* (Pretoria: University of South Africa, 1984), vol. 2, 91에서 유사한 연관을 짓는다.

아모스에서, "성읍"에 대한 또 다른 언급은 9:14에서 발견되는데, 거기서 야훼는 확실히 예루살렘을 포함하여 "이스라엘의 황폐한 성읍을 재건할 것"이라 약속하신다.

(11) 5:26은 '식굿'(sikkuth)이라는 매우 특이한 단어를 사용한다. 식굿은 9:11에 "장막"이라는 단어와 비교해 보면 한 자음만 다르다.

이러한 병행들은 마지막 "신탁"과 마지막 "환상"이 서로 일치한다는 것을 확증하기에 충분하다. 또한, 이러한 몇 가지 병행들은 두 구절 사이에 전체적인 관련성이 있음을 가리킨다. 아모스의 많은 부분이 그렇듯이, 5:1-6:14은 혹독한 심판의 예언이다. 그러나 9:1-15에서 야훼는 이러한 심판을 하나씩 거꾸로 뒤집을 것을 약속하신다.

이런 전체적인 병행과 역전은 9:11-12에서, 아모스가 다윗 장막의 기쁨에 찬 예배의 회복에 관해 예언하고 있음을 확증한다. 5:1-6:14의 주된 요점 중 하나는 이스라엘의 예배의 타락과 그 예배를 주님이 거절하시는 것과 관련되어 있다. 아모스는 성경 속에 발견된 야훼의 가장 가혹한 말씀 중의 일부를 기록한다.

> 내가 너희 절기들을 미워하여 멸시하며 너희 성회들을 기뻐하지 아니하나니 너희가 내게 번제 나 소제를 드릴지라도 내가 받지 아니할 것이요 너희의 살진 희생의 화목제도 내가 돌아보지 아니하리라 … 만군의 하나님 여호와의 말씀이니라 주 여호와가 당신을 두고 맹세하셨노라 내가 야곱의 영광을 싫어하며 그 궁궐들을 미워하므로 이 성읍과 거기에 가득한 것을 원수에게 넘기리라 하셨느니라 (암 5:21-22; 6:8).

야훼는 이스라엘의 희생 제사뿐 아니라, 그들의 음악에 지쳐 버렸다.

> 네 노랫소리를 내 앞에서 그칠지어다 네 비파 소리도 내가 듣지 아니하리라(암 5:23).

야훼는 "시온에서 교만한 자들"(6:1)과 비파 소리에 맞추어 노래를 지절거리며 대접으로 포도주를 마시며 귀한 기름을 바르며 공의와 자비와 율법의 중한 또 다른 것들을 무시하는 자들에 대하여 화를 선언하신다(6:5-6). 이러한 위선 때문에 야훼는 시온의 노랫소리를 그치고 침묵하라고 위협하신 것이다.

놀랍게도, 야훼는 이 거짓된 향연을 벌이는 자들을 "자기를 위해 악기를 제조하는" 다윗과 비교하신다.

후반절은 종종 "노래를 작곡하다"(compose song)로 번역된다(NASB). 하지만 이 문구는 '케리 시르'(keli-shir)다. 즉 역대기에서 "노래의 악기"(instruments of song)로 묘사된 바로 그 문구다. 아모스는 처음으로 다윗을 언급한다. 다윗은 한 사람의 음악가로서 자신의 역할과 예배 음악의 기획자로서 자신의 역할이 암시된다.

그 외에도, 아모스는 9:11에서 다윗을 언급한다. 이 구절은 다윗의 장막과 관련된다. 아모스 5:1-6:14과 9:1-15 사이가 역(逆) 관계로 주어졌기 때문에, 독자는 다윗에 대한 두 번째 언급에서도 첫 번째의 역전된 약속을 기대하게 된다. 그것이 "다윗의 장막" 예언에 관한 구체적인 힘이다. 즉 야훼는 이스라엘의 예배가 그날에 회복될 것을 약속하신다.

아모스 시대에 이스라엘은 장래에 다윗을 따라가는 음악가가 되려고 하는 사람들로 북적거렸다. 그들은 다윗의 미적 감각을 가졌지만 의(義)에 대한 열정은 완전히 결핍한 사람들이었다. 그러나 아모스의 약속은 "그날에" 참된 왕적 노래를 인도하는 리더가 올 것이다고 한다.

아모스의 날에 "화"가 시온의 예배자들에 대하여 선포된다. 그러나 "그날에" 다윗의 장막이 회복될 것이다.

비록 현재는 야훼가 이스라엘의 비파에 맞추어 부르는 노래를 거절할지라도 다윗의 장막이 회복될 것이라는 그 약속은 어느 날 하나님이 이스라엘의 찬양으로부터 다시 기쁨을 찾으실 것이라는 약속이다. 침묵, 어두움, 슬픔이 이스라엘 위에 이제 곧 임하게 될 것이다. 그러나 야훼께서 그날에 슬픔을 춤으로 침묵을 새 노래로 변하게 할 것이다.

5. 그 선지자는 이것에 동의한다 [15]

회복된 다윗의 성소와 예배에 대한 아모스의 예언은 고대교회의 주요한 신학적, 실천적인 분투 중에 중요한 시점에서 인용되었다. 즉 새 언약의 이스라엘 안에서 이방인의 위치다. 이방인이 아브라함, 이

---

[15] 여기와 이어서 나오는 단락은 결론을 내린 것이 아니라, "내리는 과정"에 있다. 그 외 다른 곳에서보다 더욱, 여기서는 내가 목표한 지점에 아직 미치지 못하고 있음을 느낀다.

삭, 야곱, 예수님의 백성, 곧 하나님의 백성 안으로 들어오기 위해 할례를 받아야 하는지 혹은 아닌지에 대한 이슈가 문제의 중심에 있었다. 그 논쟁은 바울이 안디옥에서 이방 지역으로 선교의 노력을 개시하기 시작할 때에 무르익었다. 스데반의 순교 후에 발생한 박해를 피해 달아난 기독교인들에 의해 안디옥에 교회가 세워졌다.

누가의 기록에 따르면, 구브로와 구레네로부터 사람들이 와서 "안디옥에 이르러 헬라인에게도 말하여 주 예수를 전파하였다"(행 11:20). 바나바와 사울은 성장하는 안디옥교회를 돕기 위해 그곳으로 부름을 받았다(행 11:22-26).

또한, 복음의 원 청중이 "헬라인"으로 구성되었다는 사실과 "그리스도인"으로 알려진 안디옥의 제자들이 제시한 바, 이방인 신자들이 그 교회의 다수를 차지하게 되었다는 사실이 이방인 선교 활동에 타당한 근거를 제공했다.

바울은 첫 번째 선교 여행 이후, 안디옥으로 돌아왔고 얼마간 그곳에 머물렀다(행 14:26-28).

> 그곳에 머무는 동안, 어떤 사람들이 유대로부터 내려와서 형제들을 가르치되 너희가 모세의 법대로 할례를 받지 아니하면 능히 구원을 받지 못하리라 하니 바울 및 바나바와 그들 사이에 적지 아니한 다툼과 변론이 일어난지라 형제들이 이 문제에 대하여 바울과 바나바와 및 그 중의 몇 사람을 예루살렘에 있는 사도와 장로들에게 보내기로 작정하니라(행 15:1-2).

결과로, 사도들은 할례의 문제, 또 모세의 율법과 이방인들의 관계에 대한 문제를 폭넓게 다루기 위해 예루살렘에 모였다. 그들의 최종적인 결정은 교회가 할례를 요구하지 말아야 한다는 것이었다. 또한, 공의회가 요구한 것은 이방인들이 "우상의 제물과 피와 목매어 죽인 것과 음행을 멀리하라는 것"이었다(행 15:29). 두 가지 논지가 이 결론의 토대로 제공된다.

첫째, 고넬료의 집에서 베드로가 경험한 것에 대한 베드로의 증언이다(행 10-11).

성령이 이방인 고넬료의 집에 임했을 때, 베드로는 "마음을 아시는 하나님이 우리에게와 같이 그들에게도 성령을 주어 증언하셨다"는 결론을 내리게 되었다(행 15:8-9). 그때 그가 말한 것처럼, "이 사람들이 우리와 같이 성령을 받았으니 누가 능히 물로 세례 베풂을 금하리요"(행 10:47). 하나님이 이방인에 대한 당신의 승인을 보여주셨고, 고넬료의 집이 일종의 오순절을 경험하였기 때문에 누구도 이방인을 거절할 수 없었다.

둘째, 예루살렘의 수장로인 야고보의 주장이다.

예루살렘 공회가 이방인들을 향한 하나님의 자비에 대한 시므온의 증언에 대하여 되새기고 있을 때, 그는 시므온의 경험이 예언(특히 아모스의 예언)을 성취한 것이라 주장한다.

> 이후에 내가 돌아와서 다윗의 무너진 장막을 다시 지으며 또 그 허물어진 것을 다시 지어 일으키리니 이는 그 남은 사람들과 내 이름으로 일컬음을 받는 모든 이방인들로 주를 찾게 하려 함이라 하셨으니 즉 예로부터 이것을 알게 하시는 주의 말씀이라 함과 같으니라(행 15:16-18).

야고보의 인용은 몇 가지 세부적인 내용에서 본래 히브리 성경과 다르다.

먼저, 16절에서 "내가 돌아와서"라는 구절은 히브리 성경에서는 전혀 다르게 나타난다. 이 구절은 유수 상태에서 이스라엘의 회복에 대한 또 다른 예언 속에 발견되는데, 야고보는 다른 것들과 함께 아모스의 예언을 융합한다.[16]

아모스 9장과 야고보의 인용 사이의 두 번째 차이는, 아모스 9:12의 "에돔"이 "인류" 혹은 "사람"으로 바뀐다. 신학적으로 볼 때, 이러한 변화는 아주 적절하다. 왜냐하면, 아모스 9:12은 에돔과 함께 야훼의 이름으로 말미암아 호출되는 민족들이 이스라엘의 통치 아래로 들어올 것을 약속하기 때문이다. 사전적으로 볼 때 그 변화는 "에돔"

---

[16] 예레미야 12장에서 하나님은 "내가 내 집을 버리며 내 소유를 내 던졌다"고 말씀한다(7절). 말씀이 진행되어 가면서, 이스라엘의 그 집이 주된 지시대상물이라는 것이 분명해진다. 이스라엘은 "나를 향하여 부르짖는" "내 소유"(beloved of My soul)이며, "나에 대하여 먹으려고 하는 무늬 있는 매"처럼 되었다(8-9절). 이스라엘의 반역 때문에, 특히 이스라엘의 목자들로 말미암은 황폐함 때문에, 하나님은 "그 땅에서 그들을 뽑아 내리라"고 위협하신다(14절). 또한, 그 위협은 성전-집(temple-house)을 겨냥한다. 그것은 백성-집(people-house)을 나타내며, 포로가 될 그들의 운명을 나타낸다(52장). 그러나 "내가 그들을 뽑아 낸 후에 내가 돌이켜 그들을 불쌍히 여겨서 각 사람을 그들의 기업으로, 각 사람을 그 땅으로 다시 인도하리라"고 하신다(12:15). "내가 돌이켜 그들을 불쌍히 여겨서"는 "내가 돌아와 그들을 불쌍히 여겨서"로 번역할 수 있다(AV). 이것은 아모스의 그 구절에 잘 어울린다. 이는 둘 다 유수에서 귀환과, 타락한 이스라엘을 불쌍히 여기리라 약속하고 있기 때문이다. 또한, 야훼는 말라기 3:7에서 "돌아가리라" 약속한다. 야훼의 깨끗하게 하는 불이 임할 것이라는 소식을 가진 언약의 사자가 오고 나면, 하나님은 화해 하실 것이다. "내게로 돌아오라 그리하면 나도 너희에게로 돌아가리라"고 만군의 하나님이 말씀하셨다.

을 "아담"으로 변화시킨 것인데, 이는 히브리 성경 읽기를 반영한 것일 수 있다.

이와 같이, 다윗 장막의 회복은 아담의 모든 자손에 대한 영향력을 행사하는 것으로 본다.

세 번째 차이는 야고보는 열방에 대한 이스라엘의 소유에 대해 이야기하는 대신에 주를 "찾는" 열방에 대하여 말한다(행 15:17).

이것은 아모스 9장의 문맥 속에서는 근거가 없고, 새 언약의 상황에 어울리는 언어 적응으로 보인다. 이스라엘은 제국적인 방식으로 나라들을 "소유"하는 대신에, 새 이스라엘의 제국적인 정복은 열방이 주를 찾음으로써 일어날 것이다.

이러한 변화는 아모스의 요지를 전혀 해치지 않고 야고보가 아모스를 인용함으로써 입증하려고 했던 생각이 무엇인지 알 수 있게 한다.

과연 아모스 9:11-12은 이방인의 유입과 특히 할례 문제에 적절한 본문인가?

인용구를 충분히 이해하기 위해서 우리는 두 조각의 역사적 배경을 꼭 기억해야 한다.

첫째, 사무엘서의 언약궤 내러티브다.

이것은 아모스의 예언의 배경을 형성한다. 이것을 간단히 논하면, 이러한 내러티브들은 세 번의 비슷한 사건을 통해 순환된다. 아벡의 전투에서 엘리와 그 아들들의 죄로 인해 언약궤가 빼앗기고 블레셋 땅에서 포로 생활을 한다. 외관상 패한 전투 같지만, 야훼는 다곤을 굴복시키고 그 땅 전체에 재앙을 내린다. 그 결과, 블레셋 사람들은 언약궤를 그들의 영토 밖으로 기꺼이 보내지 않을 수 없었다(삼상 4-6장).

둘째, 벧세메스의 사람들이 언약궤에 대한 죄를 범하여 언약궤는 이스라엘을 다시 떠난다(벧세메스 밖으로, 삼상 6:16-7:2).

한 이방인 도시(기럇 여아림)로 보내지고, 한 세기 동안 이방인의 집(아비나답)에 머물게 된다. 기럇 여아림에서 긴 시간 동안 특별한 일 없이 체류한 후에, 언약궤는 이스라엘로 복귀한다(다윗이 언약궤를 예루살렘으로 옮기려 했던 처음 시도, 삼하 6:1-5). 하지만 웃사가 언약궤를 만지다가 죽고(삼하 6:6-11), 언약궤는 예루살렘에서 이방인의 집으로 보내진다(가드사람 오벧에돔). 석 달 후에 언약궤는 이스라엘로 돌아왔고, 큰 축하 행렬 속에 시온으로 올라간다(삼하 6:12-19).

이러한 순환은 아래의 도표로 요약된다.

순환	범죄	이방인들과 있는 언약궤	결과	돌아옴
1	엘리와 아들들	블레셋	재앙	벧세메스로
2	벧세메스 사람들	기럇 여아림 (아비나답)	축복	시온으로(실패)
3	웃사	오벧에돔의 집	축복	시온으로(성공)

다윗은 언약궤를 시온에 안착하자마자 에돔을 비롯한 주변의 땅을 정복한다(삼하 8:1-14). 야훼가 이스라엘의 한 가운데 좌정하시자, 이스라엘은 그 땅을 넘어서 퍼져나가기 시작했다.

위에서 언급한 것처럼, 아모스 9장에 따르면 같은 순서가 "그 날에" 다시 반복된다.

이스라엘은 유수 상태로 버려지게 될 것이며(1-4절),
야훼는 이방 민족들을 이스라엘처럼 끌어 안을 것이지만(7-10절),
그러나 이스라엘은 회복되어 주변 나라들을 정복하게 될 것이다
(11-15절).

또한, 이방인들이 다윗의 장막에서 이스라엘의 예배로 부름을 받은 것 같이, 아모스는 "어느 날" 이방인들이 심지어 충만히 이스라엘 안으로 들어올 것이라 예언했다. 12절은 그 장막과 그 도성이 회복될 때, 이스라엘은 에돔을 얻게 될 것이라고 약속한다.

"다윗의 장막"에 대한 토론의 문맥에서 "에돔"에 대한 언급은 오벧에돔을 연상케 한다. 그는 언약궤를 시온으로 옮기는 일에 중요한 사람이었다. 회복된 다윗의 영광 가운데 이스라엘의 통치는 에돔을 넘어 "내 이름으로 일컫는" 모든 민족으로 확장될 것이다. 주께서 당신의 진노를 바꾸시고 시온의 노래를 다시금 기뻐하기 시작할 때, 이방인의 목소리는 다시 이스라엘의 목소리와 어우러질 것이다.[17]

이처럼, 유대인-이방인 관계의 역학은 아모스의 예언과 그의 예언을 강조하는 역사적 사건들에 대하여 아주 많은 부분을 차지한다. 야고보는 아모스의 예언이, 그가 인용한 몇 구절만이 아니라 전체의 연

---

[17] 이 구절 '수캇 다비드'(*sukkat dawyd*)가 언약궤와 그 성지에 초점을 두고 있는 반면에, 아모스 예언의 정치적 차원은 분명하게 현재형이다. 3장에서 논의 된 것처럼, 다윗이 "여호와 앞"에 좌정했다는 사실은, 이스라엘 내부와 민족들 가운데서 다윗의 집이 높아졌음을 상징한다. 아모스의 예언이 다윗 왕조 혹은 제국의 회복에 대한 언급이 우선적인 것이 아니라 할지라도, "다윗의 장막"에 대한 상징은 그 소망을 아우를 만큼 충분히 풍성하다.

속적인 사건들 속에서 성취되고 있음을 식별했다.

다윗 시대	아모스	사도적 교회
이방인에게 포로 된 언약궤	주께서 이방인에게로 향하심	주께서 이방인에게로 향하심
언약궤-성소	회복된 장막	예수의 부활?
편입된 오벧에돔	에돔과 민족들	이방인이 더해짐
개방	갱신된 개방	개방: 할례 없이
회복된 이스라엘	회복된 이스라엘	회복된 이스라엘

가드 사람 오벧에돔이 레위 사역자들의 무리 속에 편입되었다는 내 주장이 틀렸을지 모르지만, 그의 이야기(또한, 아비나답의 이야기)는 바울이 "시기 나게 함이라"(롬11:11, 14)고 했던 말의 구약의 미리보기다. 바울의 말대로, 이스라엘로 시기 나게 하려고 이방인들에게 구원이 주어졌고, 바울 자신의 사역 목표 중 하나는, 자기의 민족 가운데 그러한 시기를 자극하는 것이었다. 아브라함의 하나님이 이방인들에게로 당신의 주의를 돌리시는 것을 유대인들이 보았을 때, 그들은 화해를 찾을 것이다.

> 그들의 넘어짐이 세상의 풍성함이 되며 그들의 실패가 이방인의 풍성함이 되거든 하물며 그들의 충만함이리요!(롬 11:12)

동일한 역학 관계가 다윗 시대에 작동하고 있었다. 주께서 언약궤를 돌보던 이방인에게 복을 부어 주시는 것을 이스라엘이 보았을 때, 그들은 이스라엘 한 가운데로 언약궤를 가져옴으로써 자신들의 힘으로 이러한 복을 얻으려는 자극을 받았다. 또한, 동일한 역학 관계가 이방인을 향한 교회의 선교 속에 작동했다.

야고보의 아모스 인용은 이방인들이 시온에서 예배하는 무리에 참여하게 될 것을 의미할 뿐 아니라, 이러한 이방인들의 유입은 이스라엘의 궁극적인 구속을 향한 하나의 방법이 될 것이다.[18]

야고보가 그날에 이방인들이 이스라엘에 연합하게 될 것이라는 소망을 위한 성경적인 지지를 찾는 일에만 관심을 두었다면, 이 몇 구절만으로도 충분했을 것이다. 다윗 장막의 역사적 배경에 대해 이해하려면, 아모스 9장이 사도 시대의 상황에 훨씬 더 정확하게 어울린다.

야고보는 이방인들을 향해 주님이 관심을 돌리신 것은 그들에게

---

[18] 나의 주된 목적은 아모스 9장과 사도행전 15장의 은사주의적(charismatic) 용례를 논박하는 것이 아니다. 하지만 나는 적어도 몇 가지는 논평해야만 하겠다. 다수의 은사주의적 기독교는 특별히 은사주의적 갱신에 관한 예언으로 아모스 9장을 취한다. 즉 은사주의적 교회들의 기뻐하며 날뛰는 제멋대로 드리는 예배가 다윗 장막의 회복이라는 것이다. 이것은 그 예언에 대한 야고보의 해석에 분명히 정반대로 가는 것이다. 이는 그의 눈앞에서 일어나는 예언의 성취를 그가 확실히 보았기 때문이다. 더욱이, 은사주의 운동 안의 아모스 9장의 성취는 몇몇 작가들에게, 비은사적 교회를 포기하게 만드는 배경을 제공해 주었다. 예를 들어, 그래함 트러스코트(Graham Truscott)는 그의 독자들에게 기브온에 있는 죽고 침묵하는 교회로부터 "나와서" 시온에 있는 다윗의 예배에 참여하라고 주장한다(*The Power of His Presence: Th Restoration of the Tabernacle of David* [Burbank, CA: World Map Press, 1969], 318-319). 그는 찬송이 기브온에 있는 예배 속으로 소개되고 있음을 주목하지 못할 뿐 아니라(대상 16:39-42), 그의 은사주의화는 비은사주의적 교회는 전혀 교회가 아님을 시사한다. 트러스코트는 1960년대 후반에 그의 책을 썼는데, 나는 다윗의 성막이 오늘날 여전히 이러한 방식으로 사용될 수 있는지 의아하다. 그렇다고 한다면, 그것은 복음에 대한 공격이다. 그리스도가 교회를 하나 되게 하신 것 외에 다른 어떤 것을 그것이 함의하기 때문이다.

복을 주실 뿐 아니라, 이스라엘의 약속된 회복의 한 부분이었음을 인식했다. 그는 자신을 비롯한 다른 사도들이 "끝의 시작"(beginning of the end)에 도달했음을 알았고, 이스라엘의 구원을 고대했다.

6. 다윗 장막에 대한 모형론

이러한 배경에 기대어서 이제 우리는 다윗 장막에 대한 폭넓은 성경적-신학적 중요성에 관한 몇 가지 잠정적인 결론을 제공할 수 있다.

왜 야훼는 특별한 일련의 사건들 속에서 예루살렘 안에 당신의 집을 세우시는가?

왜 첫 번째 성소인 언약궤-성지가 예루살렘에 있는가?

또한, 연속된 사건들의 논리는 사도 시대의 사건들에 대해 어떠한 빛을 비추어 주는가?

어떻게 다윗의 장막이 새 언약의 모형이 되는가?

우리는 아모스 9장의 예언의 성취를 재고함으로써 시작해야 할 것 같다. 아모스 9장의 예언은 "기독론적" 방식 혹은 "교회론적" 방식으로 해석될 수 있음을 시사한다.[19] 이것들이 대안적 해석이라는 제안은 무의미하다. 교회는 그리스도의 몸이고, 따라서 그리스도에 대한 모든 모형 또는 예언은 동일하게 그리스도의 교회, 곧 아우구스티누스가 '**또뚜스 크리스뚜스**'(*totus Christus*, 온전한 그리스도)라 불렀던 것에 대한 예언이다. 물론 그 반대로, 회복된 다윗의 장막에 대한 아모스의

---

[19] Dupont, "Je rebatirai la cabane de David," 22.

예언은 예수 안에 성취된 약속이며, 예수의 제자들 안에 성취된 약속이기도 하다.

그리스도 자신에 대한 예언으로써, 아모스 9:11-12은 그리스도의 높아지심, 곧 죽음에서의 부활과 승천에 대해 언급하고 있다. 야훼가 다윗의 장막을 "일으킨다"는 약속은 부활의 이미지에 부합하며, 이 점은 11절의 셋째 문장("그 허물어진 것을 일으켜서")의 대명사가 다시 다윗을 언급하고 있음을 인지할 때 강화된다. 아모스가 예견하는 것처럼, 무너진 다윗이 일어나게 될 것이다.

우리 가운데 장막을 펼치신 예수는 사망으로 내려가셨지만, 무너진 장막은 일어날 것이다. 더욱이 이사야 16:5에서 "다윗의 장막"에 대해 주어진 왕적 함의와 같이, 아모스의 예언은 회복된 다윗의 통치자에 대한 약속을 포함한다. 예수가 성부의 우편에 앉기 위해 오르실 때, 그는 언약궤-성지에 다윗의 즉위 속에 그려진 그것을 완전히 이루었다(삼하 7:18). 예수는 회복된 장막이며, 또한 그 장막 속에 재판장으로 앉아있다(사 16:5).

장막은 또한 예수의 몸이다. 다시 말해, "다윗의 장막"은 성경에서 교회에 대한 수많은 이미지 혹은 모형 중 하나다. 또한, 그리스도 안에 있는 사람들은 그와 함께 성전/성막을 이룬다. 그래서 다윗의 장막은 하나님의 백성들을 위해 잘 어울리는 상징이다. 교회가 하나님의 성전이라고 말하는 것은 교회가 성령이 거하시며, 거룩한 백성들이며, 살아 있는 돌들로 이루어져 있다고 말하는 것이다.

어떤 사람은 교회를 다윗의 장막이라고 부르는데, 이때 그 이미지의 강도가 약간 다른 방향으로 나간다. 즉 교회가 다윗의 장막인 것은 교회가 모든 사람이 접근할 수 있도록 열려 있고, 나뉠 수 없는 장막이고, 찬송을 부르며 참여하는 기쁨의 회집이며, 또한 이방인들을 포함하고 있기 때문이다. 이러한 점에서 교회는 성전이며, 다윗의 장막이라는 것은 아주 분명한 사실이다.

이러한 관점들이 참이라면, 우리가 사무엘서에서 나타나는 그 시대의 사건들에 대해 제대로 평가해야 한다. 게다가 "다윗의 장막"과 "솔로몬의 성전" 둘 다 그리스도 안에서 그분의 교회 안에서 성취된 것으로 보면서, 우리는 다윗의 장막(혹은 더 정확하게, 나눠진 성소)에서부터 솔로몬의 성전까지의 연속적인 사건들이 새 언약의 모형론적인 미리보기(typological preview)를 어떻게 제공하는지 알아야 한다.

아래에서 나는 몇 가지 잠정적인 제안을 하고 싶다. 그중에 어떤 것은 다른 것들보다 설득력 있고 유익한 것들이라 생각한다.

1) 다윗의 장막에 대한 특징들-특히 접근의 자유와 이방인들의 유입에 관한 내 생각이 옳다면 솔로몬의 성전은 원상태로의 회귀(reversion)처럼 보일 것이다

제사장들이 지성소에 들어가는 것이 허락되지 않았지만, 다윗과 레위 사람들은 분명히 다윗의 장막으로 들어가도록 허락되었다. 종말론적 한 고지(高地), 즉 성취된 약속의 순간이 도래한 후에, 이스라엘은 뒤로 한 걸음 물러난 듯이 율법 아래로 들어간 것처럼 보인다. 솔로몬은 유대주의자(Judaizer) 중 하나와 같다는 인상을 준다.

하지만 이것이 이 책에서 제시하는 논지에 치명상을 주지는 못한다. 약속, 율법, 성취된 약속의 패턴은 성경 속에 일반적이다. 아론이 제사장이 되기 오래전에, 멜기세덱은 아브라함으로부터 십일조를 받았다(창 14:20; 히 7:4-9).

또한, 아론의 제사장직을 수행하는 동안 야훼는 회복된 멜기세덱의 제사장직의 약속을 지키셨다(시 110:4, 히 7:11-28). 따라서 제사장 직분의 역사 속에 나타난 패턴은 멜기세덱, 아론, 새로운 멜기세덱이다. 이것은 성소에 대한 역사 속 패턴과 일치한다. 즉 나뉘지 않은 다윗의 장막, 나뉜 솔로몬의 성전, 나뉘지 않는 하늘의 장막이다.[20] 이런 방식 속에서, 히브리서 7:11을 다른 말로 바꾸어 표현할 수 있다.

"온전한 것이 솔로몬의 성전을 통하여 왔다면, 다윗의 장막이 일으켜질 것이라는 약속이 왜 더 필요했겠는가?"

이러한 배열의 (잘 드러나지 않지만) 근본적인 논리는 하나님이 초기 단계에서 종말론적 질서에 대한 미리 보기를 제공하고, 그다음으로, 최종적인 목적을 성취하기 위한 수단으로써 하부-종말론적(sub-eschatological) 질서를 세웠다는 것이다. 끝의 시작은 그 끝에 이어서 오지 않는다. 즉 끝의 끝은 훨씬 이후에 온다. 멜기세덱은 미래의 제사장의 맛보기를 제공하고, 아론의 제사장직은 미래의 멜기세덱의 제사장직의 끝을 향한 수단이었다.

---

[20] 이것은 갈라디아서 3장에 "약속-율법-성취"의 패턴과 유사하다. 하나님은 먼저 아브라함에게 그 약속을 주셨다. 그리고 그 약속은 역사 속에서 하나님의 사역을 위한 의제를 전시했다. 그때로부터, 하나님은 아브라함의 후사를 통하여 열방에 복 주려고 하셨다. 430년 후에 규례와 법도가 담긴 율법이 더해졌을 때, 아브라함의 약속은 효력이 있었다. 이스라엘을 율법 아래 세우기 위한 도구로 존재하는 약속이기보다는, 오히려 율법이 약속을 성취하기 위한 도구였다. 즉 예배와 국가 생활의 시스템으로서의 율법은 항상 일시적인 것이었다. 그리고, 이것은 분명했다. 왜냐하면, 그 약속이 율법을 앞서나갔기 때문이다. 따라서 "약속-율법-성취된 약속"의 순서는 성소와 관련해서 "접근-제한된 접근-접근"의 순서와 어울린다.

다윗의 장막은 종말론적 성소의 모형이며, 성전은 그 목적에 도달하기 위한 메커니즘을 제공한다. 이 공식 속에 내포된 결론은, 초기의 다윗 체계의 회복이 항상 이스라엘을 위한 근본적 혹은 최우선적인 소망이었다는 것이다. 아론의 제사장들이 성전에서 사역하는 동안 줄곧 이스라엘은 (새로운) 멜기세덱을 바라야 했다.

이스라엘은 첫 성전과 둘째 성전에서 희생 제사를 수행하는 동안, 줄곧 찬양의 제사가 다시 그들의 예배를 지배하게 될 그때를 소망해야 했다. 이스라엘은 모리아산에 초점을 맞추는 동안 줄곧 새로운 시온을 소망해야 했다.[21]

2) 모형론에 대한 앞의 분석은 시온에 있는 언약궤-성지가 성소의 점진적인 진행의 시작점이었다는 것이다

아모스의 예언이 전체 새 언약의 질서를 덮고 있다는 것이다. 첫 번째 가정을 유지하면서, 그리고 두 번째가 생략되지 않는다면, 우리는 "장막-성전"(tent-temple) 순서와 성경의 또 다른 두 단계 건축물 사이의 유비를 볼 수 있을 것이다.

---

[21] 이것이 정당하다면, 이방인들을 부정하고 가증스러운 것으로 취급하는 이스라엘의 악함은 더욱더 분명하게 된다. 시온이 다시 일어나게 될 것이라는 선지자의 약속은 장래에 수많은 오벧에돔을 볼 것이라는 거듭되는 암시였다.

출애굽	다윗	회복	새 언약
광야 속 장막 (혹은 모세의 장막)	시온 속 언약궤	제단	사도 시대
40년	40년	20년	40년
실로의 장막	솔로몬의 성전	두 번째 성전	70년 이후 교회

각각의 경우에, 첫 번째 성소(sanctuary)는 일시적이고, 보다 영원하고 영광스러운 세상 질서로 인해 대체되었다. 이런 관점에서, 아모스의 예언은 특히 사도 시대에 대한 예언이며, 또한 예루살렘 공회에서 교회 앞에 놓인 논쟁들에 대해 특별히 의미 있는 것이었다.[22]

3) 언약궤-성지는 새롭고 점진적인 진행의 시작이지 끝은 아니다

오히려 큰 질서 속의 전환점이라 생각할 때 무슨 일이 일어나는지를 보자. 이런 관점에서 성소의 이야기는 다음과 같다. 즉 모세의 성

---

[22] 이런 관점에서, 사도적 교회가 하나님을 경외하는 이방인들의 유입과 관련이 있다는 사실은 적절하다. 다윗 자신의 성막 예배로 완전한 이방인들을 유입하지 않았다. 오벧에돔은 레위의 노래하는 자 혹은 문지기가 되기 전에 이미 하나님을 경외하는 이방인이었다. 유사하게도, 아모스는 다윗 장막의 회복이 에돔의 남은 자, 곧 에서의 후손, 이스라엘의 형제 나라를 포함시킬 것이라고 약속한다(12절). 또한, 사도적 교회 안에서의 질문은 교회 공동체 안으로 이방인의 유입과 주로 관련되어 있었다. 고넬료는 베드로를 만나기 전에도 확실히 하나님을 경외하는 이방인이었다(행 10:1이하). 아모스의 예언과 그 성취는 첫 세기의 상황에 특별한 의미를 가지고 있다.

막은 아벡에서 둘로 찢어졌고, 사울의 치세동안 그 상태로 있었다. 그러나 다윗의 치세동안 성막의 주요 부분인 하나님의 언약궤-보좌는 예루살렘으로 올라가는데, 이것은 우주적이며 종말론적인 중요성이 있는 사건이었다. 왜냐하면, 이것은 야훼가 당신의 도성 안으로 처음으로 거주하셨던 사건이기 때문이다.

하지만 이것은 단지 그 이야기의 끝의 시작이다. 왜냐하면, 성소가 여전히 나뉘어 있었기 때문이다. 마침내, 언약궤가 성전으로 옮겨오고, 성막의 나머지 가구들(또는 어떤 새로운 것들)이 예루살렘 안으로 들어오고, 그리하여 다시 하나가 된 성소가 "시온"이라 불리게 될 것이다. 더 간단히 말해, 이야기는 성막의 나뉨(division), 영구적인 장소로 언약궤가 올라감(ascention), 재결합(reunion)인 것이다.

이러한 분석은 흥미로운 수많은 유비와 연관된다. 성소의 이야기는 번제(ascention offering)의 의식을 역사 속에서 재현한 것이다. 동물이 죽임을 당하고 해체되듯이(레 1:5-6), 성막도 찢어진다. 제사장들이 제단 위에 나무를 차린 후에, 동물의 머리와 기름이 불 위에 놓여지고, 연기가 되어 올라가기 시작한다(1:8). 이것은 예루살렘을 향한 언약궤의 올라감과 일치한다. 일단 머리가 제단 위에 놓이고, 동물의 나머지 부분, 특히 내장이 불태워진다(1:9).

이러한 방식으로, 전체로서 동물이 연기로 변모되듯이, 해체된 성막의 조각들도 솔로몬의 재결합된 성전 안으로 변모된다.

비슷한 경로를 따라, 우리는 "온전한 그리스도"(totus Christus)의 죽음과 부활의 모형으로써 성막의 "죽음과 부활" 이야기를 볼 수 있다. 성막은 인간 몸의 건축학적 표현이다. 이러한 표상 속에서, 지성소와 언약궤는 인간의 머리와 상응한다.[23] 따라서 모세의 성막 해체는 동물의 희생 제사와 상응할 뿐 아니라, 한 사람의 찢어짐을 시사한다. 일단 성막-인간이 찢어지고, 그의 "머리"(예를 들어, 언약궤와 지성소)는 시온으로 올라간다.

이후에, 몸의 나머지가 예루살렘 안에서 머리와 결합한다. 그리고 머리는 성전의 더 영광스러운 집으로 올라간다. 이것은 예수의 사역에 대한 모형론적 미리보기이다. 즉 예수는 갈보리에서 찢어졌고, 언약궤-머리로서 하늘로 올라가셨다. 우주적인 이미지가 역대상 16장의 언약궤의 올라감과 연결되며, 하늘 보좌와 장막으로서 예수의 오르심을 시사한다. 어떤 의미에서 몸도 그와 함께 올라갔다(엡 2:6).

그러나 엄밀한 의미에서 몸의 올라감은 오직 사도 시대의 끝에 일어났다. 예루살렘이 파괴될 때, 곧 첫 열매인 교회의 성도들이 "살아서 그리스도와 더불어 천년 동안 왕 노릇" 하게 될 때 말이다(계 20:4). 그 후에, "기브온"에 있던 교회는 영광스러운 성전 안에서 "시온" 속의 언약궤와 결합하게 된다.

이 모형론의 또 다른 양상도 주목해야 한다. 겟세마네는 그리스도의 몸이 찢어진 지점으로 볼 수 있다. 유대인들로 말미암은 위협 때문에, 예수의 제자들—그분의 팔과 다리—은 주님으로부터 도주한다. 이러한 분리는 그리스도의 몸의 나뉨이다. "이 성전을 헐라"는 말씀은 예수의 물리적 몸인 성전뿐 아니라, 그의 집합적인 몸으로의 성전

---

[23] James B. Jordan, *Through New Eyes: Developing a Biblical View of the World* (Eugene, Ore.: Wipf & Stock, 1999), 216-217, Vern Poythress, *The Shadow of Christ in the Law of Moses* (Brentwood, TN: Wolgemuth & Hyatt, 1991), 53-54를 보라.

도 언급한다.[24] 다윗의 장막이 그 부활로 일으켜진 후에, 나머지 몸은 그 높아지신 머리와 함께 재결합이되었다.

모세의 성막 역시 집합적인 차원을 가지고 있다. 그것은 건축학적인 사람이며, 또한 이스라엘에 대한 건축학적인 표현이었다. 이런 관점에서, 모세의 장막 분리는 솔로몬 이후 이스라엘 나라의 분리를 바라본다. 또한, 언약궤가 탈취되는 것은 이스라엘의 바벨론 유수를 가리킨다. 시온으로 언약궤가 안치된 것은 유수 상태에서의 회복, 끝의 시작과 상응한다. 그때 이스라엘의 남은 자들이 예루살렘으로 다시 모여 성전을 세울 것이다.

그러나 이 "귀환의 시작"은 유수에서부터의 마지막 귀환이 아니다. 그 귀환은 메시아의 오심을 기다리고 있다.[25] 정확히 말하면, 처음 귀환은 하나님의 영구한 집을 위한 처소에 대한 하나님의 지정을 기다렸다. 하나님은 오순절에 불로 그것을 표시할 것이다. 이런 점에서 하늘에서 떨어진 불은 이 백성들, 예수의 제자들이 새로운 성전이며, 찬미의 제사가 드려질 새로운 처소임을 보여주기 위한 것이다.

4) 다윗 통치 기간에 있었던 예배의 분리는 사도 시대 동안 하나님의 백성들 가운데 존재한 분리를 미리 보여준다

신약 시대에 유대인-기독교인들은 성전에서 예배를 드렸고(예를

---

[24] 마크 혼(Mark Horne)의 『마가복음 강해』에서 이것을 빌려 왔다.
[25] 유수에서 돌아오는 두 단계는 첫 세기의 이스라엘이 "여전히 유수 상태"에 있었다는 라이트(N. T. Wright)의 견해와 미묘한 차이를 만든다.

들어, 눅 24:50-53), 심지어 희생 제사도 드렸다(행 21:26). 비록 그들이 성전과 성전 제사가 이미 예수 안에서 완성되었고, 궁극적으로 끝났다는 것을 알고 있었지만 말이다. 이방인—신자들은 유대인 성전—예배자들을 다스리는 율법 아래로 들어오도록 강요받지는 않았다.

그 대신에 자신의 집에서 예배를 드렸다. 동물 희생 제사가 아니라, "찬미의 제사"로 말이다. 첫 세기의 이 분리된 예배 상황은 유대인과 이방인들이 한 새 사람으로 함께 지어지고, 더는 나뉠 수 없는 성전, 곧 그리스도의 교회 안에서 함께 예배할 때까지 한 세대 동안 계속되었다.

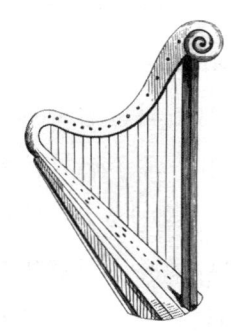

From Silence To Song

제6장

노래의 끝
The Ends of Song

개혁주의 예배학은 "예배 모범"이라 알려진 것을 수세기 동안 고수해 왔다. 이것은 간결한 형식에서 "성경에서 명하고 있지 않은 것은 무엇이든 금지해야 한다"는 원리를 말하고 있다. 혹은 더 느슨하게 예전의 실천은 성경에 기초해야 한다고 말한다. 하지만 이 원리가 실제로 어떻게 작동하는지에 대해서는 상당히 불일치한 점이 있다.

그러나 이것이 예배의 서로 다른 순서(formula)의 강점과 약점으로 들어가기 위한 지점은 아니다. 대신에, 나는 이 책을 통해서 역대기의 자료가 이러한 논의에 유용한 관점을 제공하고 있음을 제안하고 싶다.

분명히 말하지만, 위에서 인용한 엄격한 원리가 성경적이라고 나는 신뢰하지 않는다. 하나님이 우리에게 당신을 예배하라고 가르치시는 대로 우리가 하나님을 예배해야 한다는 의미에서 나는 예배 모범을 붙들고 있지만, 명료한 명령 속에서가 아니라, 무수히 많은 방식으로 하나님은 그것에 대해 가르친다. 알다시피, 다윗의 예는 "엄격한 예배 규칙"에 반대하는 내 견해를 지지한다. 아마 상대편에 비웃

음거리를 준다고 비난당할지도 모른다. 그럴지라도, 이것이 올바른 대안을 줄 것이라 바라며, 그것이 사진처럼 쉽게 인식될 수 있기를 소망한다.

이 장에서, 내 관심의 두 가지 주된 부분은 다음과 같다.

첫째, 예전의 해석학과 관련된다.
예를 들어, 기독교인은 예배에 성경을 적용하고 있는가?
둘째, 주요 영역 안에서, 내가 역대기에서 발견한 예전 음악의 신학에 대한 몇 가지 특징을 살펴보겠다.

1. 유비에 의한 규정

제4장에서 보았듯이, 다윗은 언약궤-성지와 성전에서 그들의 음악 사역을 위해 레위 사람들을 임명했을 때 모세의 율법을 적용했다. 그 토의는 예전 신학과 실천에 대한 두 가지 이슈를 불러일으킨다.

첫째, 그것은 예전의 해석학에 대한 질문, 곧 예배에서 성경을 어떻게 적용해야 하는가에 대한 것이다.

다윗은 레위 사람들이 야훼를 위한 "사역자"로 선택받았음을 율법에서 배운다. 그래서 그는 이 사역이 합법적으로 찬양을 포괄하고 있다는 결정을 한다. 클레이닉은 다윗이 아래에 있는 추론의 경계를 적용했으리라 생각한다.

언약궤의 운반을 맡은 레위 사람들의 한시적인 책임은 그 위에 좌정하여 거기에서 자기 백성들을 만나시는 주님을 섬기는 더 크고 더 영구적인 책임의 한 부분이다. 이 사역은 "주님의 이름 안에서" 혹은 "주님의 이름과 함께" 수행되며(신 18:5,7), 찬양의 노래 속에서 백성들을 향해 그분의 이름을 선포하는 레위 사람들에 의해 수행되었다. 따라서 예전 찬송은 모세 오경에서 분명하게 제정되지 않고, 그분의 이름을 섬기도록 주님으로 말미암아 레위 사람들의 임무 안에 포함되도록 했다.[1]

다른 곳에서, 클레이닉은 "고대 세계의 왕들이 자신들의 연회에서 음악과 노래를 즐긴 것"과 어떤 신을 향한 음악 사역[2] 간의 유비가 있었다는 유용한 제안을 한다. 또한, 이것은 율법에 대한 다윗의 적용의 논리 속에 또 다른 통찰을 제공한다. 야훼의 제단은 그분의 "식탁"이고 희생 제물은 그분의 "음식"이다(예, 레 21:16-24). 이처럼, 레위의 "사역" 혹은 "섬김"은 "식탁 봉사"였다. 다윗은, 인간 왕이 고기, 빵, 포도주의 연회와 더불어 노래의 향연으로 자신의 식탁에서 섬김을 받은 것처럼, 야훼는 왕으로서 당신의 식탁에서 섬김을 받으셔야 했다고 추론함으로써 음악적인 행위를 포함하기 위해 '샤라트'(*sharat*)를 확대했다.

---

[1] Kleinig, *The Lord's Song: The Basis, Function and Significance of Choral Music in Chronicles* (JSOT Supplement # 156, Sheffield: JSOT Press, 1993), 34.
[2] Kleinig, *The Lord's Song*, 100.

유사하게도, 제4장에서 주목한 것처럼, 다윗은 매일 번제에서 나팔을 불라는 모세의 요구(민 10:9-10)를, 또 다른 종류의 음악적인 "기억들"을 포함하도록 확대했다. 다윗의 추론은 이점에서 매우 솔직한 것처럼 보인다. 즉 번제와 화목제에서 나팔을 불어야 한다면, 또 다른 음악적인 도구들도 예배에 합당하게 된다. 심지어 그 도구들이 율법에서 명확하게 요구되지 않는다 해도 말이다. 클레이닉은 민수기 10장에 대한 다윗의 적용에서 더 나은 요소를 추론한다.

> 나팔을 붊으로써 제사장은 주님의 임재를 선포하고, 하나님이 자기 백성의 도움이라는 것을 알려야 했다. 그러나 나팔 혼자서 주님의 임재를 알릴 수 없다. 과연 어떻게 하나님의 임재가 그분의 이름을 언급하는 것만으로도 알려질 수 있는가? 그 이름은 "기억할 칭호"(출 3:15) 아닌가? 그러므로 나팔은, 주님을 이름으로 소개하는 거룩한 찬송들과 더불어 사용한 악기들이 추가 보완되었다. 전체 성전 찬양대는 제사장 나팔수들과 레위의 음악가들로 구성되었고, 그들은 주님을 알리고 그의 임재를 선포했다. 민수기 10:10의 신적 명령은 합창 의식(choral rite)의 제도를 통해 다윗으로 말미암아 그렇게 성취되었다.[3]

클레이닉이 옳다면, 율법의 요구는 합창 음악의 추가 없이는 충분하게 지켜질 수 없었다. **단지** 나팔만이 포함된 예배는 야훼의 이름을 분명하고 충분하게 기념할 수 없다. 요점은, 다윗이 단순히 생각하고

---

[3] Kleinig, *The Lord's Song*, 36-37.

있지 않다는 것이다.

> 율법은 그 자체로써 순결하지만, 우리는 율법과 일치하는 혹은 율법의 요구와 유사한 예배의 새로운 수단을 가져올 수 있는데, 이는 예배를 영광스럽게 높이 드리기 위해서다.

나아가, 그는 이렇게 생각한다.

> 내가 만약 율법이 요구하는 것을 단지 행한다면 나는 완전히 율법에 순종할 수 없다. 율법을 성취하기 위해서 나는 바리새인과 서기관보다 나은 의를 가져야 한다.

이 마지막 요점이 다윗의 실제 의도를 반영한 것인지 혹은 아닌지 모르지만, 분명한 것은 다윗이 음악 사역을 금지할 이유로 모세의 율법 속에 음악 사역의 부재(不在)로 보지는 않았다. 오히려 그는 음악 사역을 요구하면서(적어도 허용하면서) 모세의 율법을 해석했고 적용했다.

분명히, 그는 일종의 예배 모범에 따라 움직이고 있었는데, 이는 그가 제정한 예배의 토양으로써 율법을 인용했기 때문이다. 그러나 그는 경직되고 엄격한 모범으로 운영하지 않았음이 분명하다. 다윗의 시대에 살았던 엄격한 규정주의자(regulativist)의 삼단논법을 사용하면 이렇다.

대전제: 율법에 명하지 않은 것은 무엇이든지 금한다.
소전제: 찬양하는 것은 율법에서 명하지 않았다.
결론: 그러므로 예배에서 찬양하는 것을 금한다.

하지만 다윗은 유비(analogy)에 의해 추론했던 것으로 보인다.

대전제: 율법이 예배를 지배한다.
소전제 #1: 율법은 공적 번제에서, 공적 예배에서 나팔을 불라고 규정한다.
소전제 #2: 나팔은 악기다.
결론: 유추하면 찬송과 또 다른 음악은 예배에 대한 합법적 부분이다.[4]

다윗의 예는 모세의 율법에 대한 예전적인 해석과 적용에 대한 정경적인 예시를 보여준다. 또한, 그것은 구약성경 자체에서 율법의 예전적인 사용이 전혀 경직되거나 엄격하지 않다는 것을 보여준다.[5] 다윗은 '명백한 명령에 의한 규정'(regulation-by-explicit command)이라는 원리 대신에, '유비에 의한 규정'(regulation-by-analogy)이라는 원리로 운영했다.

물론, 모든 유비가 합법적인 것은 아니다. 다윗은 그런 식으로 추

---

[4] 악기와 "목소리를 내는" 사람들 사이의 유비가 작동된다. 분명히, 성경은 성전의 악기를 포함해 기명(그릇)과 사람 사이의 유비를 지적하고 있다.
[5] 물론, 그러한 규정주의자들은 다윗을 비난하지는 않는다. 이는 다윗이 하나님으로부터 새로운 계시를 소유했고, 이러한 혁신을 소개하기 위해 보증을 주었다고 주장하기 때문이다. 그러나 우리가 본 것처럼, 역대기는 이 새로운 계시가 완전하게 새로운 형식이 아니라, 모세 규례의 적용과 확장이라는 것을 희미하게 보여주고 있다.

론하지 않았다.

    대전제: 하나님은 동물 희생을 요구한다.
    소전제: 돼지는 동물이다.
    결론: 그러므로, 우리는 돼지를 희생 제사에 합법적으로 제공할 수 있다.

  이 유추는 율법의 명확한 명령과 반대 방향으로 간다. 더욱이 다윗이 말하는 것은 나팔을 예배 시간에 부는 것에서부터 사람의 코를 사용하여 부는 것까지 추론할 수 없다. 유비는 성경의 명백한 진술에 의해, 성경에 의해, 다스려지는 상식에 의해 다스려져야 한다.

  그럼에도 "유비에 의한 규정"은 수많은 특정한 예전에 관한 질문들에 대해서 구체적이고 성경적인 지침을 제공한다. 그것은 그저 우리의 머리에 떠오르는 어떤 것을 정당화할 수 있는 원리나, 아무렇게나 정당화시킬 수 있는 그런 "질척질척한" 원리가 아니다. 예를 들어, 성경은 교회를 향해 성찬 상(床) 위에 식탁보나 양초를 올려놓도록 명령하지 않는다. 엄격한 규정주의자들에게는 이것으로 토론은 끝이다. 즉 양초나 식탁보의 사용은 없다.

  하지만 우리는 유비로 추론함으로써, 주님의 상에서 어떤 종류의 사건이 일어나는지를 반드시 물어야만 한다. 성경적 대답은 이것이다. 교회는 그리스도를 먹고 하늘 잔치, 곧 어린 양의 혼인 잔치를 미리 맛보며 즐긴다. 이 유비를 받아들인다면, 식탁보와 양초 같은 장식품은 아주 정당하다. 그것들은 주님의 만찬과 결혼 잔치 간의 유비—성경적 유비—와 일치한다.

  반대로, 어떤 장식도 없는 벌거숭이 상(床)은 만찬이 결혼 잔치라는 사실을 전달하지 못한다. 성경이 말하는 바는 식사다. 양초와 식탁보를 제거하는 것은 신적으로(divinely) 확립된 성례의 의미를 바꾼다. 그것은 잔치 대신에 금식이며, 식탁이기보다는 오히려 영안실에 놓인 판때기에 가깝다.

그러므로, 우리가 유비로 추론함으로써, 장식은 정당할 뿐 아니라, 사건의 본질에 의해 요구된다는 결론에 이르게 된다. 힘이 미친다면, 나는 모든 엄격한 규정주의자들의 본문 이해에 대항하고 싶다. 그들은 다른 불을 드리는 사람들이다. 왜냐하면, 벌거숭이의 장식 없는 성찬 식탁은 성경을 침해하기 때문이다.

"질척질척하다고"?

나는 그렇게 생각하지 않는다. 유비론자(Analogist)는 그들 중에 최상의 것으로 천둥소리를 낼 수 있다.

2. 레위기와 기독교 예전

두 번째 큰 함의는 기독교 예배 의식과 구약의 제사 제도와의 연관성과 관계가 있다. 여러 해 동안 몇몇 개혁주의 예전 학자들—특히 제임스 B. 조던, 제프리 M. 마이어스 그리고 본인이 속해 있는 "비브리컬 호라이즌 모임"(Biblical Horizons Group)—은, 레위기의 율법 제도가 기독교 예배 신학과 예배 의식에 대해 많은 가르침을 제공하고 있다고 논의해 왔다. 이런 노력을 변증하기 위해 상당한 논의가 있었다. 나에게 주된 쟁점은 이것이다.

대안은 무엇인가?

우리가 성경적으로 되려고 한다면, 예배의 의미를 도출하기 위해 우리는 또한 어디로 가야 하는가?

예배에 대해서 레위기보다 더 많은 정보를 주는 다른 성경 내용은 무엇이 있는가?

확실한 것은, 신약성경 중에서 그 어떤 책도 예배신학이나 심지어 실천적인 가이드를 거의 제공하지 않는다는 점이다. 신약성경에만 자신을 제한하는 개혁주의 예전 학자들은 실천적인 세대주의자들이다. 하지만 그들은 언약신학에 대하여 공개적으로 강한 집착을 보인다. 또한, 예배에 대한 어떤 고립된 "요소들"이 신약성경으로부터 밝혀진다고 할지라도, 이러한 요소들의 질서와 중요성에 대하여 말하는 바는 거의 없다.

레위기로 돌아가기를 거절하는 예전 학자들은 빈약한 예배신학을 견지하며, 예전을 실천하면서 원자론적(atomistic) 관점을 취한다. 결국, 예배의 자세한 부분을 해결하기 위해서 종종 성경 외적(extra biblical) 유대주의와 기독교 전통에 상당히 의존한다.

희생 제사의 본문을 사용하기를 선호하는 또 다른 논증은 역사적이다. 물론 기독교는 우선 유대인들 가운데 뿌리를 내리고 있다. 유대인들은 1500년 동안 레위기의 규칙들(우리가 살펴 본대로 다윗에 의해 수정된)을 따라 예배를 드려왔던 사람들이다. 모세의 제정법과 희생 제사의 실천에 근거한 수세기 동안의 성찰은 기독교 예배에 대한 그들의 이해를 위한 틀을 제공했다.

히브리서 13장이 "찬미의 제사와 입술의 열매를" 드리자고 했을 때, 이러한 단어들은 예전, 신학적 진공 상태 속에서 표명된 것이 아니다. 1세기 유대인의 생각은 의심의 여지 없이 즉각 성전과 회당 안

에서의 예배자로서 자신의 경험을 생각했다.[6]

베드로는 기독교인이 왕 같은 제사장이라고 말했는데, 그 이유는 그들이 영적인 제사를 드리기 때문이다. 그 역시 유대인의 예배 문맥에서 명확히 이해될 수 있다. 예수님이 주의 만찬을 "나의 기념"(My memorial)이라고 부를 때, 주님은 유대인들이 그들의 희생 제사 제도와 관련해서 익숙하게 사용하던 용어를 사용한 것이다. 순수하게 역사적인 용어 속에서, 예배에 대한 신약성경의 서술을 이해하기 원한다면, 우리는 구약의 예배를 점검해야 한다.

오늘날 개혁주의 예전을 견지하는 학파들의 특별한 주장 중 하나는, 기독교인의 예배에 적용될 수 있는 예배의 가장 기본적인 순서들을 희생 제사 제도가 제공한다는 것이다.[7] 논증은 몇 가지 방식으로 만들어질 수 있다.

우선, 동물 제사의 의식은 야훼와의 연합과 교제에서 절정에 도달하는 일련의 행위들로 규정된다.

제사를 위해 동물이 제공된다.
예배자는 동물의 머리에 안수한다.
예배자는 동물을 잡는다.

---

6 회당 예배는 성전 희생 제사의 예배의 변혁으로써 발전했을 암시가 있다. 더 자세한 것을 보기 원한다면, *Westminster Theological Journal*에 실린 나의 글, "Synagogue or Temple? Model of Christian Worship"을 보라.

7 James B. Jordan, *These on Worship: Notes Toward the Reformation of Worship* (Niceville, FL : Transfiguration Press, 1994), 93-104. Jeffrey Meyers, *The Lord's Service: Worship at Providence Reformed Presbyterian Church*, 17-29, 112-122을 보라.

제사장은 제단에 피를 뿌린다.
제사장은 제단에 고기를 벌려 놓는다.
동물의 고기는 제단에서 연기로 변한다.
예배자는 (때때로) 고기 일부를 식사로 받는다.[8]

이것을 기독교 예배의 용어로 바꾸면 다음과 같다.

예배자가 모인다.
예배자가 자신들의 대표자와 대속자로서 그리스도를 기원한다 (손을 기울여).
예배자는 죄를 고백하고, 용서의 말씀을 듣는다(도살과 피 뿌림).
예배자는 하나님께로 올라가고, 말씀을 듣고, 찬송한다(불태움).
예배자는 희생의 음식을 먹는다.

더 간단하게, 각각의 제사는 기독교 예배 순서와 같이 사죄의 고백, 죄 사함, 성별, 성찬으로 움직인다.

이 같은 순서는 한 가지 이상의 제사가 드려질 때 희생 제사 질서 속에서 명백하다. 제사의 순서를 묘사하는 구절에서 이 질서는 아주 표준이다. 어쨌든 죄를 씻는 속죄제가 먼저 행해지고, 이어서 번제가 따른다. 다음으로 친교의 제사, 화목제가 모든 순서의 끝에 온다.

---

[8] 다양한 행위의 중요성을 토의하기 위해, 나의 책, *House for My Name: A Survey of the Old Testament* (Moscow: Canon, 2000), 89-92. 아주 자세한 토의를 위해서는 J. H. Kurtz, *Offering, Sacrifices and Worship in the Old Testament* (trans. James Martin: Peabody, MA: Hendrickson, 1998)을 보라.

이러한 질서는 두 가지 아주 특별한 의식 속에서 두드러진다. 제사장 임직식(출 29:10-34; 레 8:14-29)과 사체(死體)를 만짐으로 불결하게 된 나실인과 관련된 재-성별(reconsecration) 의식이다(민 6:16-17). 대규모의 공적 절기에서도 동일한 순서가 발견된다.

히스기야의 성전 재-봉헌은 죄를 씻는 속죄제와 더불어 시작하고, 번제를 거쳐, 희생과 감사제로 끝난다(대하 29:20-36).[9] 번제-화목제의 순서가 희생 제사 제도 안에 형성되었는데, 이는 번제가 아침과 저녁으로 제사장들에 의해 드려졌기 때문이다(민 28:1-8).

그날에 모든 화목 제사는 "거듭되는" 번제에 추가되었다. 특정한 절기 때에 죄를 씻는 속죄제가 공적인 의식에 더해지는데 (민 29:1-38), 이것은 매일 드리는 번제와 절기에 드리는 희생 제사의 제물에 순서상 앞선다.[10]

여기서 근본적인 주장은 희생의 예배가 새 언약의 도래와 함께 끝난 것이 아니라, "영적 제사"와 "찬양의 제사"로 변혁되었다는 것이다. 우리는 지금 고대 이스라엘이 했던 것과는 다른 식으로 예배한다. 그러나 이 예배 행위들은 레위 의식의 예배 행위와 동일한 의미를 가진다. 우리는 속죄 제사의 피를 위해 수양과 염소를 더 이상 죽이지 않아도 된다. 그러나 우리는 죄를 씻기 위해 우리의 죄를 고백해야 한다(요일 1:8-9).

---

9   레위기 7:15-18을 따르면, 감사제는 화목제의 한 형태다.
10 인정하지만, 죄를 씻는 속죄제의 긴급성은 명백하게 나타나지는 않는다. 그러나 또 다른 질서는 무의미하다. 속죄 제사는 희생을 위해 제단과 성막을 준비시킨다. 또 다른 제사 뒤에 이것을 두는 것은 우스꽝스러운 일이다. 물론 번제만 드려진다면, 번제에서 드려진 희생의 피만으로도 족하다.

우리는 하나님의 식탁 앞에서 동물을 해체하지 않아도 된다. 그 대신에 하나님의 말씀이 우리를 조각내어 희생 제물로 드린다(히 4:11-12). 우리는 더 이상 유월절을 지키지 않지만 주님의 성찬을 축하한다. 성찬은 유월절을 성취하고(또 다른 것들 가운데서) 기독교 유월절로 묘사된다.

옛 언약(구약)의 열쇠로부터 새 언약(신약)의 열쇠로 동일한 "전환"이 레위 제도의 또 다른 의식에 적용될 수 있다. 우리는 예배 안에서 우리가 행하는 것을 희생 제사 제도의 범주를 통하여, 또 희생의 은유 아래서 이해한다.

희생 제사의 순서가 기독교 예배를 위해 권위 있는 패턴을 제공한다는 것을 모든 사람이 확신하지는 않는다. 제임스 조던(James Jordan)의 예전 연구가 그 창조성에서 찬사를 받을 만하지만, 존 프레임(John Frame)은 "상징주의"로부터 "예배 질서를 위한 엄격한 규칙"을 도출할 수 있다는 것에 회의적이다.[11] 프레임 교수를 설득하기에는 충분하지 않겠지만, 다윗의 예배와 연관된 본문들은 레위기에서부터 상징과 패턴을 가져와 사용하는 조던(또 다른 이들을 포함해)을 지지한다. 역대기에서 묘사되었듯이 다윗의 체제에서 우리는 유사한 변혁의 과정에 관한 사례를 발견한다.

말하자면, 정경적인 사례라고 할 수 있겠다. 위에서 주목한 것처럼, 다윗은 동물로 드리는 희생 제사 보다는 오히려 음악을 세게 강조하는 예배를 드리도록 보장하기 위해 모세의 희생 제사 율법을 인용했다. 제4장의 전문적인 용어에 대해 토의할 때, 우리는 희생 제사의

---

[11] John Frame, *Worship in Spirit and Truth* (Philipsburg, N. J. : P&R, 1996), 158.

용어가 많은 점에서 다윗의 예배를 묘사하기 위해 사용되었음을 주목했다.

번제와 같이, 음악은 "기억"이다. 레위 사람이 악기를 연주하고 노래를 부를 때, 율법의 요구처럼 "서서 섬기고" 있는 것이다. 그들의 반차(divisions)는 "지켜보는 사람"으로 묘사된다. 그들의 노래는 새로운 "노동"의 행위로 간주되는 데, 이것은 모세 시대 동안에 성막의 운송에 비견할 만하다. 요약하면, "찬양의 제사"라는 개념에 대한 구약의 기원이 다윗 시대에 이미 있었음을 알 수 있다. 또한, 역대기는 이 개념이 자라서 희생 제사의 율법의 적용으로부터 커지고 있음을 보여준다.

이러한 예는 레위 의식의 또 다른 양상들이 어떻게 기독교 예배의 신학과 실천을 인도하는지를 탐구하도록 얼마든지 보장해 준다. 그 과제는 다음으로 미루기로 하자.

3. 새 노래

예배의 음악신학은 역대기 사가가 예배에서 음악을 드릴 때 희생적인 용어를 적용하는 방식 속에 주로 암시되었다. 아래에서 예전 음악에 대한 구체적인 많은 차원을 탐구할 것이다. 여러 경우에 내 논의는 제안 이상은 아니며, 확장될 수 있는 암시와 실마리를 주는 것이다. 몇 가지 논지를 가지고 나는 예전 논쟁에서 구체적인 이슈에 대해 그 논의를 적용하려 한다. 그러나 나는 대부분 온전한 결론을 끌어내기 위해 충분히 음악에 정통한 사람들에게 상세한 적용을 남겨둘 것이다. 교회에는 훈련된 음악가들을 위한 자리가 있지만, 나는 줄곧 전체로서의 교회(회중)가 레윗적 음악가들의 성취라 믿는다.[12]

1) 찬송으로서 음악

성경적인 용어에 따르면, "노래"(shir)는 기악과 성악 모두를 아우른다. 따라서 둘 사이의 날카로운 구분은 성경적 범주에서는 낯선 것이다. 비록 히브리인이 기악을 위한 전문 용어를 따로 가지고 있지는 않지만, 그 사실이 기악으로부터 구별된 합창을 할 능력이 없다는 것을 입증하지는 못한다. 이 둘 사이에 첨예한 차이를 내세우는 사람들은 잠시 머뭇거려야 한다.

물론, 이것이 수많은 개혁주의 예전 학자들이 줄곧 해 왔던 것이다. 기악에 반대하는 전체 논점은, "기악"은 별도의 윤리적, 예전적인 범주라는 것이다. 그러나 이것이 정확히 성경의 전문 용어가 부인하는 것이다.

또한, 합창과 현세의 음악 사이의 밀접한 관계는 성전 그릇(기명)의 신학 속에 반영되어 있다. 제임스 조던이 지적하는 것처럼, 성전 기명은 이스라엘의 백성을 나타내고, 여호와의 섬김에 헌신 된 사람들을 가리킨다. 이스라엘이 포로로 끌려갔을 때, 성전의 기명(그릇)도 함께 끌려간다. 다윗 시대 이후로, 이 성전 "기명"(keli)에는 악기도 포함되었다.

---

[12] 제사장직과 관련된 라인에 따른 논의를 위해서는 나의 책, *Priesthood of the Pleb: A Theology of Baptism* (Eugene, OR: Wipf & Stock, 2003)을 보라.

그래서 악기도 이스라엘의 백성을 나타낸다. 인간의 목소리는 예배의 도구다. 그러니 악기에서 나오는 음악 소리는 인간이 부르는 노랫소리에 비견할 수 있다.

악기들에 반대하는 전통적 주장의 또 다른 것은, 성전 예배가 순전히 모형론적이며, 새 언약 안에서는 폐지되었다는 것이다. 성전 예배(동물 희생 제사, 성별된 제사장직, 악기)와 전혀 관련 없는 것이 기독교 예배 안으로 들어와야 한다는 것이다. 사실, 이렇게 하는 것이 유대주의자(judaizer)가 되는 길이다.[13]

마지막 논의에서 이것은 단순히 실수라는 것을 보여 줄 참이다. 사실상, 성전 예배는 제2성전 시대 동안에는 더는 시행되지 않았지만, 전혀 다른 방식 속에서 수행되고 있었다.

두 성전 시대 사이의 문자상의 연속성의 한가지 주요한 영역은 음악이다. 그리고 성전 음악은 항상 기악의 연주와 더불어 수행되었다. 정말로, 연주가 없는 노래의 예가 성경에는 없다. 예배 안에서 기악은

---

[13] 존 지라도(John Girardeau)의 논문은 예배에서 기악을 사용하는 것을 반대하는 개혁주의 진영에서 여전히 인용되고 있다. www.fpcr.org을 보라. 지라도의 논점은 성전 예배가 모형론적이라는 주장에 근거한다. 한편, 회당 예배는 기독교 예배의 실천적인 모델을 제공한다고 주장한다. 그는 이스라엘의 성전 예배가 영구적인 특별한 예전 형식을 담고 있음을 인식하고 있지만, 또한 성전 예배는 일시적이면서 모형론적 특징을 지니고 있다고 주장한다. 그에 비해, "회당 예배는 전형적이고 일시적인 성분이 없다." 이러한 그의 논점은, "너무 명백하여 논쟁의 여지가 없다." 이처럼, (회당과 성전 예배) 사이의 구체적인 차이는 우연하거나 일시적인 것 중의 하나에 의해 점유되며, 또 그 반대 지점에 의해 비-점유된다. 성전 예배에서 모형론적 요소를 분리해 보면 이런 공식을 얻을 수 있다. (성전 예배의 성분)-(회당 예배의 성분)=(성전 예배의 모형론적 성분)이다. 더 많은 정보를 위해서는 "Synagogue or Temple?"를 보라.

완벽하게 수용되었고, 심지어 그렇게 하도록 명령받았다.[14]

아모스 9장의 예언을 숙고해 보면, 동일한 결론을 내릴 수 있다. 하지만 우리는 다윗 장막의 모형론을 이해하면, 사도적 교회가 다윗 성소의 성취로서 자신을 보았음이 분명하다. 다윗 시대와 갱신된 다윗 장막에 대한 아모스의 예언 성취로서 그들 자신을 이해해야 하기에 결국 다윗 장막과 관련된 기악이 불법이었다고 결론짓는 것은 불가능하다.

야훼가 모형론적 시온에 거하기 위해 오셨을 때, 이스라엘이 노래를 터뜨렸다면, 예수, 성육신하신 야훼가 하늘의 시온에 오르셨을 때는 얼마나 더 했겠는가.

끝의 시작이 나팔과 제금으로 울려 퍼졌다면, 시작의 끝은 얼마나 더 하겠는가.

2) 왕의 찬송

역대기 사가는 레위 합창과 오케스트라가 다윗의 "손 아래"에서, 즉 그의 권위 아래서 그들의 예배를 수행했음을 보여준다(대상 25:2). 역대하 7:6은 다윗이 레위 사람의 사역을 통해 야훼를 실제로 찬양했음을 선명하게 보여준다.

> 그때 제사장들은 직분대로 모셔 서고 레위 사람도 여호와의 악기를 가지고 섰으니 이 악기는 전에 다윗 왕이 레위 사람들에게 여호와

---

[14] 거듭 말하지만, 엄격한 규정주의자들은 성경과 일치하지 않는 사람들이라는 것을 지적하고 싶다.

께 감사하게 하려고 만들어서 여호와의 인자하심이 영원함을 찬송하게 하던 것이라 제사장들은 무리 앞에서 나팔을 불고 온 이스라엘은 서 있더라(대하 7:6).

한편, 음악가들은 다윗의 "손 아래서" 그 일을 수행했고, 다른 한편으로, 다윗 자신은 "그들의 손에 의해" 야훼를 찬양했다.[15] 레위 찬양은 그것이 레위 사람들에 의해 불렸을지라도, 다윗의 "아버지" 앞에서 부른 왕의 노래다. 그리고 다윗이 참석하고 있지 않다고 할지라도 그것은 다윗의 노래다.

클레이닉이 주장한 대로, 이 구절은 명백하다. 이는 성전의 완성 후와 (확실히) 솔로몬의 왕궁을 건축한 이후에 있었던 성전 낙성식을 묘사하고 있기 때문이다(왕상 6:38-7:1). 이처럼, 역대하 7:6은, 다윗이 죽은 지 이십 년 이상의 세월이 지났지만, 찬양 속에 다윗의 참여에 대하여 말하고 있다.[16]

이 모두는 예배 음악에 대한 심오한 모형론을 제시한다. 예수는 땅 위에서 그의 제자들과 함께 하늘 아버지를 찬양한다(예를 들어, 마 26:30). 현재 그는 천사의 합창의 찬양을 받기 위해 높아지셨다. 죽임을 당한 어린양으로서, 그의 영광과 능력을 선포하는 네 생물 앞에 있는 그 보좌에 좌정하셨다(계 5:1-14).

---

[15] 이 구절, "손 아래서"는 음악을 지휘하는 사람의 손에서 나오는 '싸인'이나 지시를 의미할 수 있다. 그러나 역대기 사가에게 이 구절은 "권위 아래에서"를 의미한다(대하 21:10; 26:11; 31:13을 보라).

[16] *The Lord's Song*, 92-93. NIV는 이 구절을 "which King David had made for praising the Lord and which were used when he gave thanks"라고 한다. 이처럼 역대기는 다윗의 통치로의 복귀를 언급하는 것으로 제시한다.

하지만 예수는 아버지를 찬양하는 일을 멈추지 않는다. 히브리서 저자가 말하듯이, 예수는 시편 22:22의 그 화자다.

> 내가 주의 이름을 내 형제들에게 선포하고 내가 주를 교회 중에서 찬송하리라(히 2:12).

예배를 위해 모이고 노래 안에서 하나가 되어 머리를 따르는 그리스도의 몸은 그리스도를 따라 성부를 향하여 찬양을 드린다. 더 위대한 다윗은 우리의 손으로 말미암아 찬양을 드리신다.

3) 하나님을 구하는 찬송

하나님을 "찾는" 주제는 언약궤 이야기에서 가장 두드러진다. 사울은 야훼의 조언을 찾지 않고 신접한 자에게 가르치기를 청하였기 때문에 왕국을 잃었다(대상 10:13-14). 사울이 하나님을 찾는 것을 실패한 것은 언약궤를 찾는 것을 실패한 것과 연결되어 있다. 다윗은 왕이 되었을 때 이스라엘이 언약궤를 옮겨 오도록 채근한다.

> 우리가 우리 하나님의 궤를 우리에게로 옮겨오자 사울 때에는 우리가 궤 앞에서 묻지 아니하였느니라(대상 13:3).

다윗은 언약궤를 구함으로 하나님을 찾았고, 그 결과 사울의 실패를 뒤집어 버렸다. 하지만 언약궤를 시온으로 옮기려 했던 첫 시도 때 깨달았던 것처럼, 그는 어떤 오래된 방식으로 하나님을 순전하게 찾으려 하지 않았다. "규례대로 그에게 구하지 아니하였기"(대상 15:13b)에 하나님의 진노가 이스라엘에 일어났다는 것을 후에 깨닫게 되었다.

이스라엘의 의식법(예전)은 하나님을 찾기 위한 길을 표시하도록 설계되었다. 즉 규례에 순종함으로써 이스라엘은 야훼와 친밀한 사귐으로 들어갔다. 성전이 세워진 후, "이스라엘의 모든 지파 중에 마음을 굳게 하여 이스라엘 하나님 여호와를 찾는" 사람들은, "그들의 조상들의 하나님 여호와께 제사하기 위해 예루살렘으로" 갈 수 있었다(대하 11:16).[17]

여러 가지 방식으로, 역대기는 노래(찬양)가 하나님을 찾는 수단임을 가르쳐 준다. 다윗이 예루살렘으로 언약궤를 옮긴 것은 "여호와를 찾는" 방식이었다(대상 15:13). 그래서 "하나님을 찾는" 그 노력은 언약궤가 다윗의 장막에 안착했을 때 끝나지 않았다. 오히려, 다윗의 장막에서 레위 사람들은 그들의 노래 가운데서 "여호와와 그의 능력을 구할지어다 항상 그의 얼굴을 찾을지어다"(대상 16:11)라고 백성들에게 권고했다.

시온에서 야훼의 얼굴을 구하기 위해서 그들이 한 일은 과연 무엇인가?

시온에서의 예배는 압도적으로 음악적인 것이었기 때문에, 그 대답은 분명하다. 그들은 레위 사람들이 감독하는 노래 안에서 주의 얼굴을 찾았다. 더욱이, 다윗은 하나님을 찾는 사람은 반드시 "규례대로" 구해야 함을 강조했다(대하 15:3). 문맥에서, "규례"는 언약궤를 옮기는 레위 사람들에게 요구된 모세의 율법을 언급하는 것이다.

---

[17] 연관된 구절의 토의를 위해서는 같은 책, 30-31을 보라.

그러나 그 외에도 우리는 다윗이 예배를 위해 "규례"를 강화했다는 것을 배우며(예를 들어, 대하 8:14), 그렇기에 레위 사람들에게 노래하도록 요구했다. 그러므로 다윗 시대 이후에, "규례를 따라" 야훼를 찾는 것은 노래 안에서 그분을 찾는 것을 의미했다.

마지막으로, 여호사밧의 예전적인 전쟁에 대한 역대기 기사는 이 음악 행위가 "야훼를 찾는" 왕의 노력이었음을 가르친다. 이 기사의 시작에서 우리는 여호사밧이 "바알들을 찾는 것을" 거절하고 그 대신에 "그의 아버지의 하나님을 구하며"(대하 17:3-4), "마음을 기울여 하나님을 찾았다"(대하 19:3)는 것을 알 수 있다.

통치의 절정에서 모압과 마온이 유다를 위협하기 시작할 때, 그는 다시 "여호와께로 낯을 향하였고" "여호와께 도움을 구하도록" 유다 모든 성읍 사람들을 불러 모았다(대하 20:3-4).

"여호와의 도움을 구하는" 이러한 노력은 기도와 노래의 형식을 취한다. 그러는 동안 야훼는 모압을 흩으시고 그들을 멀리 쫓아내셨다.

이러한 의미에서, 모든 그리스도인은 예배 지침(모범)에 복종해야만 하는데, 하나님을 찾는 사람은 그 규례를 따라 찾을 때 그분을 찾을 것이기 때문이다. 하나님을 예배하는 자는 진리를 따라 예배해야 한다.

4) 기억의 찬송

제4장에서 논의된 것처럼, 역대기 사가는 주의 이름을 기념(억)하는 방식으로써 음악을 언급한다. 성경에서 첫 번째 "기념"은 무지개다. 무지개는 야훼의 약속에 대하여 야훼를 일깨우기 위해 구름 속에

둔 것이었다.

> 내가 구름으로 땅을 덮을 때 무지개가 구름 속에 나타나면 내가 나와 너희와 및 육체를 가진 모든 생물 사이의 내 언약을 기억하리니 다시는 물이 모든 육체를 멸하는 홍수가 되지 아니할지라(창 9:14-15).

희생 제사의 율법 속에 여러 의식도 "기념"으로 불린다. 한 움큼의 소제는 "기념물로 단 위에" 연기로 올려 드려졌다(레 2:2, 9, 16; 히브리어, '아즈카라트'[*azkarat*]), 그리고 가난한 자에 의해 드려진 한 움큼의 곡식의 속죄제는 "기념물"로 제단 위에서 드려졌다(레 5:12, 히브리어, '아즈카라트').

"기념"이란 단어는 동물 제사를 묘사하기 위해 사용되지 않음에도 불구하고, 제단 위에서 불에 탄 예물은 유사한 목적을 가지는 것으로 보인다. 동물 제사를 통하여 예배자를 용서하고 수용하기 위해, 그것들은 야훼의 약속에 대한 기억을 일깨우기 위해 하늘로 올라간다.[18]

그럼 어떻게 찬양이 기념(억)으로 섬기게 되는가?

확실히, 우리는 역대상 16:8-36에 기록된 시편을 통해 그러한 기억의 예를 가지고 있다. 물론, 이 시편은 레위 사람의 "감사"와 "찬양"

---

[18] 소제는 동물 제사가 하지 못하는 방식에서 다소 유별나게 기억나게 한다. 이것은 성찬이 가진 기억의 신학을 위한 어떤 것을 암시하고 있다. 내가 하나님을 향한 기억을 강조하지만, 그 기억이 인간을 향해서도 말하고 있음을 부인하지 않는다. 이와 같이, 무지개는 하나님의 약속에 대하여 하나님을 일깨우고, 또한 우리가 무지개를 볼 때는, 하나님이 기억하신 것을 우리가 기억하도록 한다. 그것은 주 안에서 우리의 확신과 믿음을 증가시킨다.

의 예시이기도 하다(16:4를 보라). 이 시편은 "여호와께 감사하며," "그를 찬양하라"는 권면과 함께 시작하고(16:8-9), 동일한 후렴으로 끝을 맺는다(34-36절).

한편, 이 시편은 "기억"을 위한 것이다. 즉 과거에 야훼의 약속과 그분의 위대한 행동을 일깨운다. 이 시편은 "그분이 행하신 놀라운 기사를 기억하도록" 또한 "그분의 언약을 영원히 기억하도록" 한다(12, 15절). 그래서 야훼 자신이 아브라함과 맺은 언약과 이스라엘의 연약한 세월 동안에 친히 보호하신 것과 "모든 민족 중에 하신 기이한 행적"과 자신의 창조 사역을 알리신다(16-17, 21, 24, 30절).

하나님의 약속과 행적을 다시 말하면서, 동시에 시편은 하나님이 다시 그와 같은 일을 행하시도록 그분을 부르신다. 야훼가 그의 언약을 "기억"할 때, 그는 자신의 백성들을 구원하기 위해 움직이신다. 노래(찬양)는 하나님의 약속을 하나님의 기억으로 데리고 올라간다.[19]

야훼가 눈 뜨실 때, 그는 무지개를 통해 보시며, 그의 언약을 기억하신다. 그가 귀 기울이실 때, 그는 자기 백성들의 찬양을 들으시며, 마침내 구원하기 위해 가까이 오신다.[20]

---

[19] 이것은 특히 역대기의 포로 후기의 본래 독자들을 감동을 주는 적절한 내용이었다. 왜냐하면, 이스라엘이 그 땅에서 다시 "적은 수, 보잘것 없는 객이" 되었기 때문이며, "이 민족에게서 저 민족에게로, 이 나라에서 다른 백성에게로" 유랑하였기 때문이었다(19-20절).

[20] 이것은 신조를 노래하는 것에 대한 성경적인 지지를 보여준다. 신조를 노래로 부르는 것은 놀라운 교육적인 도구일 뿐 아니라, 그것은 천국을 지향하도록 한다. 신조는 창조주와 구속자로서 주님의 사역을 기억나게 해 준다. 우리가 주님 앞에서 노래할 때, 주님이 우리를 위해 다시 반응하시고 행하시도록 촉구하는 것이다.

시편을 찬양하는 것이 하나님의 행적을 기억하기 위한 것이라는 사실은 예배 음악에 대한 우리의 이해를 위해 중요한 함의를 갖는다.

첫째, 이것은 예배 시간에 시편만을 부르는 것(exclusive psalmody)에 반대하는 논증을 제공한다.

이스라엘은 애굽에서 나올 때, 미리암은 여호와의 구원에 대한 찬양의 노래 가운데 여자들을 이끌었다(출 15:1-21). 이는 그 출애굽이 가장 최근의 구원이었기 때문에 그것이 음악적인 기념의 초점이었다. 드보라가 그녀의 시편을 지었을 때 그녀도 역시 출애굽 주변의 사건을 언급했다(삿 5:5). 그러나 드보라 시편의 초점은 최근에 달성한 가나안 왕 야빈으로부터의 구원에 있었다(특히, 삿 5:19-31).

이처럼, 드보라는 먼 과거뿐 아니라, 최근의 과거도 기억했다. 물론, 동일한 것이 시편에 있는 각 시편 내용에 적용된다. 그 시편들은 애굽으로부터 이스라엘의 최초 구원을 곱씹을 뿐 아니라, 다윗과 다른 사람들에게 행하신 야훼의 자비를 축하하고 기억하도록 한다. 이 패턴은 예배 때 찬송이 아버지 하나님이 오래전에 행하신 것을 그분이 기억하도록 할 뿐 아니라, 그가 행하신 최근의 일도 기억하도록 해야 함을 가르친다.

이와 같이, 그리스도의 생애와 죽음과 부활 사건을 이야기하는 예배 안에서 시편 찬송이 아닌 찬송가(hymn)를 부르면 안 된다고 제안하는 것은 아주 넌센스라 여겨진다. 예수가 하나님의 새 언약의 기념비적인 이름이기 때문에 이것은 특히 그러하다.

둘째, 예배 때의 찬송이 "기억"을 위한 것이라면, 중요한 의미에서 그것은 하나님만을 향한다.

하나님은 찬송을 듣는 유일한 "관객"이시며, 그의 약속과 행위를 기억하시도록 요청받는 분이며, 찬송과 감사를 받으시는 분이다. 희생 제사의 연기가 하나님의 임재로 올라가는 것처럼, 역시 희생 제사의 소리가 하늘로 올라간다.

"귀를 만든 분이 듣지 않으시겠느냐?"

나는 이 구절이 무엇을 의미하는지 자세히 안다고 단정할 수 없다. 그러나 이것이 의미하는 것은 적어도 우리의 선호 혹은 불신자들과 소통하기 위한 필요가 예배 음악의 내용과 스타일을 결정하는 기준이 될 수 없다는 것이다. 우리 아버지 하나님이 찬송의 유일한 관객이시기에 그분의 음악적인 선호가 결정적이어야 한다.

5) 찬송과 하나님의 영광

우리가 "하나님을 찾고" "기억함"으로써 찬송과 야훼의 영광 사이의 관계를 검토할 때 더 풍성하게 찬송을 이해할 수 있다. 솔로몬의 성전 낙헌식에 대한 역대기 기사는 모세 성막의 봉헌식 장면을 반복한다.

둘 다 모두 성소가 완성된 뒤에 일어났다. 둘 사이에는 제사장들이 성별 되고(출 40:12-16; 대하 5:11), 희생 제사가 드려지고(출 40:29; 대하 5:6), 성소의 가구들이 안으로 들여진다(출 40:20-30; 대하 5:7-10). 두 경우 모두, 야훼가 그의 영광으로 지성소에 충만히 거하심으로써 응답하셨다(출 40:34-35; 대하 5:11-14).

한편, 야훼의 영광이 나타났을 때 놀라운 진전이 있었다. 출애굽에서 모세가 성막 세우기를 마치고, 제사장을 세우고, 희생 제사를 드리자 마자 곧 그 영광의 구름이 장막을 덮었다. 역대하 5장에서 그 영광은 레위 사람들의 찬송과 음악에 반응하여 나타났다.

> 이때에는 제사장들이 그 반열대로 하지 아니하고 스스로 정결하게 하고 성소에 있다가 나오매 노래하는 레위 사람 아삽과 헤만과 여두둔과 그의 아들들과 형제들이 다 세마포를 입고 제단 동쪽에 서서 제금과 비파와 수금을 잡고 또 나팔 부는 제사장 백이십 명이 함께 서 있다가 나팔 부는 자와 노래하는 자들이 일제히 소리를 내어 여호와를 찬송하며 감사하는데 나팔 불고 제금 치고 모든 악기를 울리며 소리를 높여 여호와를 찬송하여 이르되 "선하시도다 그의 자비하심이 영원히 있도다" 하매 그 때에 여호와의 전에 구름이 가득한지라 제사장들이 그 구름으로 말미암아 능히 서서 섬기지 못하였으니 이는 여호와의 영광이 하나님의 전에 가득함이었더라(대하 5:11-14; 왕상 8:10-11과 대조해 보라).

찬송 중에 기억된 약속들 가운데 중요한 것은 자기 백성들 가운데 거하신다는 야훼의 약속이었다. 레위 사람들의 찬송 가운데서 그 약속을 지키셨다. 그래서 예배시의 음악은 단순히 멀리 계시는 하나님을 기억함으로써 하늘로 올라갈 뿐 아니라, 가까이 계시는 하나님을 부르는 것이다. 그리고 하나님의 백성들 찬송이 올라갈 때, 그는 영광 가운데 내려오신다.

찬송은 멀리 계시는 하나님께 드려지는 기억이 아니다. 하나님의 영광의 면전에서 수행되는 것이다. 찬송은 하나님을 가까이 부르는 아주 영향력 있는 도구이다. 이스라엘이 찬양으로 하나님을 찾을 때, 그들은 그분의 영광으로 나아갔다.

봉헌식에 대한 또 다른 구절은 음악과 야훼의 영광 사이의 연결에 대한 다른 국면을 강조한다. 솔로몬의 기도 후에, 불이 하늘로부터 내려와 번제와 화목 제물들을 태우고 주님의 영광은 그 집에 가득찼다.

> 이스라엘 모든 자손은 불이 내리는 것과 여호와의 영광이 성전 위에 있는 것을 보고 돌을 깐 땅에 엎드려 경배하며 여호와께 감사하여 이르되 선하시도다. 그의 인자하심이 영원하도다 하니라(대하 7:3).

역대하 5장에서 음악은 주님의 임재를 호출하는 수단이다. 그러나 7장에서는 찬양은 주님의 임재에 대한 반응이다.[21]

한 가지 더 흥미로운 결론이 이 사실로부터 도출되는 것 같다.

출애굽기 29:43에서 하나님은 이스라엘에 가까이 오시며 회막 안에 머물 것을 약속하신다.

> 내 영광으로 말미암아 회막이 거룩하게 될지라(출 29:43).

주님의 영광은 성별의 도구이다. 하나님이 영광으로 나타나시는 곳은 어디든지 다 거룩한 장소이며, 하나님의 영광 장소 가까이에서 섬기는 사람은 누구든지 "성별되어야" 한다. 에스겔서의 초반부에

---

[21] 두 본문에 대한 더 자세한 토의를 원한다면, Kleinig, *The Lord's Song*, 157-170을 보라.

따르면, 영광 구름은 주님의 사역자들로 섬기는 천사들의 존재로 구성되어 있다. 그들은 하나님의 움직이는 보좌를 운반한다. 주께서 당신의 "거룩한 존재들"과 함께 가까이 오실 때, 그는 그 장소를 성별하신다.

역대기에서 성전 뜰은 "거룩한 장소"로 불린다(대하 29:7; 35:5).[22] 이것은 그 뜰이 야훼의 영광으로 말미암아 성별되었음을 의미한다.

그러나 야훼의 영광이 성전 뜰을 채웠다는 기록은 없다. 오히려, 제사장들과 레위 사람들이 거기에서 노래와 찬송과 희생 제사로 섬겼다. 그들은 특히, 음악 사역자로서 그들이 할 수 있는 능력 안에서 그 뜰을 성별케 하신 야훼의 창조된 영광을 형성했다. 이것은 이스라엘의 군대, 하나님의 군대가 야훼의 보좌를 둘러싼 그 영광을 이루었다는 그 외 구절들과 일치한다. 물론, 이스라엘은 그들 자신의 공로에 의해 거룩하고 성별된 백성이 아니었다.

레위 사람들이 성전 뜰을 거룩하게 했다면, 그 이유는 그들이 야훼의 성령으로 인도받았고 거하였기 때문이다. 또한, 레위 사람들이 성전 뜰에 임하는 것은 성령의 임재였기 때문이다. 그 중요한 자격이 주어졌기 때문에 참된 하나님의 백성들로 남고 하나님의 성령으로 말미암아 거하게 되고 그들이 만지는 것은 거룩하게 되고 그들이 노래하는 장소는 거룩하게 되었다.

이것은 특히 느헤미야에서 분명하다. 타마라 에스케나지(Tamara Eskenazi)는 1988년 그녀의 논문, 「산문 시대」(*In An Age of Prose: A Literary Ap-*

---

[22] Kleinig, *The Lord's Song*, 94-95.

proach to Ezra-Nehmiah)에서,[23] 에스라와 느헤미야는 둘 다, 포로 귀환과 함께, 성전의 성결이 예루살렘 도성 전체를 아우르는 것으로 확장되었다는 전제 위에서 작동한다고 주장했다.

여러 가지 증거 조각들이 이런 해석을 지지한다. 느헤미야는 직접 예루살렘을 "거룩한 도시"로 불렀다(느 11:1, 18). 더욱이, 대제사장 엘리아십은 건축 계획의 시작에서 성벽을 "성별했다"(3:1). 또한, 레위 사람들은 일찍이 성전 문에 배치되었던 것과 같이, 예루살렘 도성 문에 배치되었다(7:1; 13:22).

집과 도성의 같음은 에스라-느헤미야의 또 다른 세부적인 사항들을 설명해 준다. 성전 봉헌식은 아주 간단하게 묘사된다(스 6:16-18). 이것을 솔로몬 성전 봉헌식과 비교해 보라. 이 축제는 정말로 빈약했던 것 같다. 그 축제를 제약했던 실제적인 이유가 무엇이든지, 그에 대한 신학적 이유는 성전의 완성이 아직 "집"의 완성이 아니었기 때문으로 보인다. 우리가 성벽 봉헌식에 이르게 될 때, 느헤미야는 그 사건을 묘사하기 위해 여러 장을 할애한다.

의미심장하게도, 성벽 완공 이후에 언약을 갱신하는 의식이 일곱 번째 달에 행해지는데(느 8:2), 이는 솔로몬 성전 완공 시기와 관련이 있다(왕상 8:2). 이는 이 두 사건 모두 초막절 축하와 관련이 있기 때문이다. 그 집을 완성한 후에, 백성들은 이방인을 아내로 맞아들임으로써 솔로몬의 그 죄를 다시 범한다(느 13:26).

느헤미야 12장에서 묘사된 봉헌식은 만일 누군가 "집"이 "성전"을 의미한다고 가정한다면 이는 받아들이기가 힘들다.

---

[23] Atlanta: Scholars Press.

어떻게 이 모든 백성이 한 번에 성전 뜰 안으로 들어가는 것이 가능했을까?

더구나, 느헤미야 12:31-39은 도성의 성벽 위를 둘러싸 감사 찬송하는 두 무리의 행렬을 묘사한다. 그들은 "감옥 문"에 두 번째로 멈추어 선다. 그러나 40절에서 두 찬양대는 갑자기 이해할 수 없이 "하나님의 집"에 섰다.

이것은 이해가 안 되는 전개 방식이다. 느헤미야는 그 행렬에 대해서 단계별로 아주 신중하게 묘사했지만, 여기서 어색한 비약을 한다. 혹은 맥락상 무엇을 빠뜨렸든지, 그것이 아니라면 "하나님의 집"에 서 있는 것은 도성의 성벽 위에 서 있는 것을 의미한다.

도성-집(city-house)의 "봉헌식"과 일찍이 성전(temple)의 봉헌식 사이의 도드라진 차이 중 하나는 영광 구름의 부재다. 에스라가 하나님을 송축하고 율법을 낭독할 때, 백성들은 땅에 엎드려 경배한다. 그러나 그 구름은 보이질 않았다(8:6). 이것은 영광 구름이 없기 때문이 아니다. 오히려, 백성들이 영광-덮개(canopy)였고, 그들의 찬송 소리는 그 땅을 가로질러 울려 퍼졌다(느 12:43).

예루살렘은 하나님의 성령으로 충만한 백성들에 의해서 거룩한 도성으로 성별되었던 것이다.[24] 야훼는 당신의 백성들을 채우심으로 도성을 채우셨다. 이스라엘이 그 도시를 채우고 찬양으로 그곳을 채웠을 때, 그 도시는 여호와의 영광으로 거룩해지고 "거룩한 도시"가 되었다. 전체적으로, 집과 영광의 봉헌식 간의 관계는 아래와 같이 발전한다.

---

[24] 더 나은 토의를 위해서 나의 글, "The Holy City," *Biblical Horizons* no. 55 (November, 1993)을 보라.

성소	성별
모세의 성막	영광-구름
솔로몬 성전	영광-구름과 합창
제2성전	합창
교회	합창

어떤 사람들의 주장과 반대로, 에스라-느헤미야는 영광이 포로 이후에 돌아왔다고 주장한다.[25] 천사들로 이루어진 구름 대신에 그 영광은 백성들의 모임의 형식을 취했고, 천둥과 번개와 나팔 소리 대신에, 그 영광은 제금, 비파, 수금, 찬송 소리로 울려 퍼진다.[26]

몇 가지 유용한 생각들이 이런 논의 다음에 뒤따른다.

첫째, 다윗의 장막과 솔로몬의 성전에서 사용된 악기가 주목되어야 한다.

그 악기에는 비파와 수금 같은 서정적이고 명상적인 도구만 있었던 것이 아니라, 제금과 나팔도 있었다. 예전적인 오케스트라가 교회를 위해 꼭 필요한 것은 아니다. 많은 곳에서, 재능과 자금이 부족하다. 그러나 교회가 악기를 연주하는 그룹을 조직할 능력이 있다면 그

---

25 여러 곳에서, 라이트(N. T. Wright)는 이스라엘이 예루살렘 안에 물리적으로 있다 할지라도 여전히 포로 상태에 있는 표시로써 그 영광의 부재를 지적하고 있다.
26 이것은 아마도 이사야 30:29-33로 지지를 받고 있다. 여기에는 "야훼의 목소리"와 시적 병행을 이루는 이스라엘의 찬송이 있다. 이스라엘의 찬송은 열방에 맞서 심판을 선언하는 야훼의 목소리다.

렇게 해야 한다.

둘째, 기악의 편성은 음악이 크고, 열정적이며, 힘이 넘친다는 것을 보여준다.

찬송 가운데 교회는 영광-구름이 그러한 것 같이 소리를 내야 한다. 그 소리는 많은 물소리, 레바논의 백향목을 부수는 큰 소리, 우리의 대적을 두려움에 떨게하는 소리이다.

6) 권면과 능력을 부어 주는 찬송

성급한 결론이 되지 않기 위해 동물 제사와 예배시의 찬송 사이의 병행에서 끌어왔다. 음악의 또 다른 기능이 역대기 안에 묘사되었다는 것을 인식하는 것이 중요하다. 충격적인 것은, 레위 사람들의 음악 사역이 "예언"으로서 묘사되고(대상 25:1-3), 또한 헤만과 아삽은 선견자로 불렸다(대상 25:5; 대하 29:30). 다양한 번역들이 이 용례를 위해 제공되었다.

그러나 가장 그럴듯한 것은 찬송을 부르는 사람들이 하나님의 말씀을 노래함으로써 예언했다는 것이다. 문맥에서 이 말씀이 정확히 의미하는 바가 무엇이든지, 예언은 분명히 듣는 사람들의 교훈을 위한 것이다. 이는 사람을 겨냥한 것이지, 하나님을 향한 것이 아니다. 바울이 지적했듯이, 열광적인 기도는 기도하는 사람을 고양하지만, 예언은 교회의 덕을 세우며 권면하며 위로한다(고전 14:2-3).

이처럼, 예전 음악에 적용된 이 용어는 성도에 대한 권면이 타당하고, 예전 음악에서 꼭 필요한 것임을 가리킨다. 권면-교훈이 유일한 관심은 아니다. 그러나 하나님의 백성들에 대한 필요들을 무시한다면 비록 아름답고 유능하게 수행된 음악이라도 그것은 실패한 것이다.

권면-교훈이 좋은 감정이 아니라 할지라도, 좋은 감정은 예전 음악의 결과 가운데 하나여야 한다. 여기서 "좋은 감정"은 "기쁨의 감정"을 의미한다. 역대하 29:30하("그들이 즐거움으로 찬송하고 몸을 굽혀 경배 하니라")에서, 클레이닉은 "즐거움으로"(with joy)라는 구절이 "즐겁기까지"(until there was rejoicing)를 의미한다고 제안한다.

그래서 "다윗과 아삽의 시편은 번제를 드리는 동안 기쁨을 위해 수행되었다"고 말할 수 있다.[27] 즉 찬송은 이미 얻은 기쁨의 표현이 아니라, 기쁨을 낳기 위한 수단이다. 기쁨은 성령의 열매다. 성령은 백성들의 찬양 가운데 거하시고 특히 왕들의 시대 동안에는 음악과 연관되어있다(삼상 10:5-6; 왕하 3:15).

노래는 성령의 열매를 낳는 성령의 도구들 가운데 하나며, 그 결과 성령은 기쁨으로 그를 찾는 사람들을 충만히 하기 위해 영광 안에서 가까이 오신다. 장례식에 불려지는 단조(Somber tunes)가 자리를 차지하면, 그곳은 장례식장이 된다. 그러한 슬픈 노래는 교회에 차지할 자리가 없다. 우리가 회집하여 도착한 하늘의 시온은 기쁨이 넘치는 곳이다.

유사한 노선을 따라, 성령은 찬양을 통해 당신의 **능력**을 전달하신다(삼상 10장을 다시 보라). 역대하 30:21하에서, 악기는 "권능의 도구"(히브리어, instruments of might)로 불려진다(한글성경에는, "큰 소리 나는 악기"로 번역된다). 비록 다양한 방식에서 이 구절을 이해할 수 있다 할

---

27 Kleinig, *The Lord's Song*, 37. 클레이닉의 논지의 중요성을 강조한 제임스 조르단에게 감사한다.

지라도,²⁸ 그것이 의미하는 한 가지 차원은 악기, 악기의 노래가 찬양을 부르는 사람과 악기 연주자들에게 권능을 부어 준다는 것이다.²⁹

음악이 권능을 부어 준다는 개념은 역대기 사가의 찬송신학의 또 다른 특징들과 일치한다. 노래는 주로 야훼 앞의 기념이다. 그러나 또한 주님의 강력한 행적에 대하여 찬송하는 사람을 상기시키는 기념이다.

우리가 찬송으로 그의 행사를 기억할 때, 우리의 믿음은 강건해지고, 그가 우리를 위해서도 유사한 능한 일을 행하실 것이라 확신한다. 신명기에서 "기억하라"는 모세의 권면은 골동품을 수집하는 것이 아니다. 이스라엘은 야훼가 애굽에 행하신 것을 기억해야 했다. 그래서 그들이 가나안을 정복하기 위해 들어갈 때 두려워하면 안 되었다.

찬송 안에서 교회는 애굽을 기억한다. 시혼과 옥에 대한 야훼의 승리, 여리고와 블레셋을 파멸시킨 일, 갈보리의 승리와 부활에 대해 우리가 찬송을 부르며 기억할 때, 우리는 점점 더 동일한 하나님이 우리를 위해서도 같은 일을 행하실 것을 확실하게 인지한다.

더욱이, 언약궤가 올라갈 때 수반된 시편 찬송은 "여호와와 그의 능력을 구할지어다"라고 이스라엘에게 권면한다(대상 16:11).

---

28 다양한 옵션을 위해서 Kleinig, *The Lord's Song*, 88-89를 보라.
29 이것은 아마 군사적 용어로 레위 사역자들에 대한 역대기 사가의 묘사와 연결되어 있다. 문지기는 "능력 있는 사람들"(mighty men) 혹은 "용맹한 사람"(men of valor)으로 불린다(대상 26:6-9). 제사장과 레위 사람들은 군인들처럼 반차(division)를 따라 나뉘어졌다(대상 24:1; 23:6). 이 구절들에 대한 더 나은 토론을 위해서, 같은 책 170을 보라. "능력 있는 사람"으로서 음악가들에 대한 구절을 비록 발견하지는 못했지만, 그 아이디어는 찬양을 통하여 이스라엘의 전쟁을 묘사하는 구절들 안에서 작동하고 있다(특히 역대하 20:1-3, 그리고 여기에 대한 자세한 토론을 위해서는 같은 책, 170-180을 보라).

노래가 "여호와를 찾기" 위한 도구였기 때문에, 그것은 또한 그의 능력을 구하기 위한 도구였다.[30] 그 규례를 따라 야훼를 구하는 사람들은 그를 찾게 될 것이다.

심리적인 사실은 분명하다. 노래는 기쁨으로 감상적이게 돌아설 수도 있고, 압도적인 힘으로 유약하게 만들 수도 있다. 그러나 이 통찰은 지금까지 예배 음악에 대한 개혁주의 진영의 논의에서 거의 역할을 한 적이 없다. 역대기는 이것이 "심리적 사실"일 뿐 아니라, 음악에 관한 하나님의 계시 분야임을 가르쳐 준다. 우리는 "권능을 주는 도구"를 가지고 "기쁨이 있기까지" 노래한다. 성령은 찬송을 통해 그리스도의 몸을 세워가고, 성령의 열매를 맺는다.

7) 찬양 사역자에 대한 자질

음악이 교훈-권면의 수단이라면, 찬양 리더들이 자신들의 과업을 위해 자격을 구비해야 한다는 기대는 자연스럽다. 이점은 히스기야의 유월절에 대한 역대기 사가의 묘사에 의해 분명해 진다.

> 예루살렘에 모인 이스라엘 자손이 크게 즐거워하며 칠 일 동안 무교절을 지켰고 레위 사람들과 제사장들은 날마다 여호와를 칭송하며 큰 소리 나는 악기를 울려 여호와를 찬양하였으며 히스기야는 **여호와를 섬기는 일에 능숙한** 모든 레위 사람들을 위로하였더라 이와 같이 절기 칠 일 동안에 무리가 먹으며 화목제를 드리고 그의 조상들의 하나님 여호와께 감사하였더라(대하 30:21-22).

---

30 Kleinig, *The Lord's Song*, 88.

여기서 중요한 구절은 "여호와를 섬기는 일에 능숙한" 레위 사람들에 관한 기록이다. 이 구절에서 사용된 동사와 명사 모두는 같은 어휘구에서 나온 것이다. 그래서 문자적으로 번역하면, "여호와의 선한 이해를 터득한 레위 사람들"(Levites who understood good understanding of Yahweh)이 된다. 클레이닉은 이 구절이 의도적으로 모호하다고 주장한다.

> 한편으로 음악가의 기량은 거룩한 노래의 수행 속에서 하나님을 향한 깊은 통찰을 보여준다. 또 다른 한편으로 성가의 기량 높은 연주로 말미암아 그들은 그 백성들에게 그들의 통찰을 전달했고, 음악적인 찬양의 행위를 통해 하나님과 그분의 선하심에 관해 효과적이고 인식적으로 그들을 그렇게 가르쳤다.[31]

두 가지 종류의 함의가 뒤따른다.

첫째, 찬송은 지혜를 전달하는 도구다.
우리는 노래함으로써, "여호와의 선한 이해"가 우리 속에 자란다. 시편의 여러 구절들은 이러한 생각을 강화시킨다. 시편 49편은 뭇 백성들에게 들으라는 권면으로 시작한다. 이는 시편 기자가 다음과 같이 말하고 있기 때문이다.

---

[31] Kleinig, *The Lord's Song*, 76.

내 입은 지혜를 말하겠고 내 마음은 명철을 작은 소리로 읊조리리로다 내가 비유에 내 귀를 기울이고 수금으로 나의 오묘한 말을 풀리로다(시 49:3-4).

후반절은 찬송이 단순히 수수께끼를 "제안하고"(propose)혹은 "표현하는"(express, NASB에서 번역에서) 것을 의미하지는 않는다.

오히려 수금은 수수께끼를 "푸는" 도구다. 즉 그 동사는 "풀다" 혹은 "묶다"를 의미하며, 악기는 이러한 특별한 수수께끼를 푸는 열쇠다. 마찬가지로, 아삽은 이스라엘 백성들에게 "내 율법을 들으며 … 귀를 기울이라"고 요청한다. 이는 그의 노래 안에서 그가 입을 열어 비유로 말하며 "예로부터 감추어졌던 것"을 드러내겠다고 약속하기 때문이다(시 78:1-2).[32]

중요하게도, 이 구절들은 노래하는 것이 단지 신학적인 정보를 전달하는 수단이라고 말하는 것이 아니다. 오히려, 노래하는 것은 지혜를 심는 것이며 하나님의 행적에 대한 비밀을 푸는 것이다.

둘째, 이 구절은 선택되어 음악을 인도하는 사람들이 반드시 "여호와의 선한 이해"를 가진 사람이어야 한다는 것을 지시한다.

음악이 야훼께 기쁨이 된다면, 그것은 음악 인도자가 야훼께 기쁨

---

[32] 이 구절은 J. H. Eaton, "Music's Place in Worship: A Contribution from the Psalm," in prophetism, Worship and Theodicy: Studies *in Prophetism, Biblical Theology and Rhetorical Analysis and on the Place of Music in Worship* (Leiden: Brill, 1984), 101-102. 이 톤(Eaton)은 그 시편에서 "muse"와 "music"으로 번역된 동사들은 음악적 함의를 가진다고 제안한다. 그는 시편 1:2을 "from his law he intones day and night"(그의 율법을 주야로 작은 소리로 읊조리다)로 번역하고, 시편 119:97을 "How I love your law! It is my chant all the day"(내가 주의 법을 어찌 그리 사랑하는지요! 내가 그것을 종일 작은 소리로 읊조리나이다)로 번역한다.

을 드리는 것이 무엇인지를 아는 것이 필수다. 그들은 반드시 그분의 음악적 "취향"을 알아야 한다. 그리고 물론, 찬양이 지혜의 전달자이기 때문에, 교회의 음악적 방향을 결정하는 사람들은 지혜와 어리석음의 차이를 잘 파악하고 있어야만 한다. 음악 사역은 피아노 코드를 약간 아는 교회 회원들에 의해 다루어져서는 안 된다.

대신에 신학적 훈련, 영적 성숙, "여호와의 선한 이해"를 가진 사람들에게 목회적인 직분으로서 나타나고 맡겨져야 한다. 개혁파 교회들은 음악적인 기량에 있어서 루터교와 영국 성공회에 역사적으로 훨씬 뒤져있기 때문에 신학적으로 또한 음악적으로 훈련된 사람을 음악 사역에 임명하는 것이 이 약점을 보완하는 한 가지 방법이 될 수 있다.[33]

레위 음악가들이 "지키는 직무"(guard duty)를 받았다는 개념으로부터 비슷한 결론이 나온다. 이것은 그들의 음악이 일종의 보호하는 목적을 지녔고, 하나님의 언약에 대하여 하나님을 일깨울 뿐 아니라, 이스라엘 내에서 언약이 기억되고 세세토록 준수될(지켜질, guarded) 것을 보장해 준다. 레위 사람들은 단지 "악기를 지키기" 위해서 지명된 것이 아니다. 오히려 그들의 음악 사역, 찬송과 연주는 그 자체로 백성들을 지키기 위한 수단이었다.

찬송은 이야기와 지혜를 보존하기 위해서, 특히 아이들에게 그것을 전달하기 위한 효과적 도구다. 나는 초등학교와 중고등학교 시절

---

[33] 물론, 다수의 교회들이 풀 타임 혹은 파트 타임 음악 사역자를 둘 형편이 되지 않을 것이다. 그러나 신학적으로 훈련된 음악 지도자를 가지는 것이 작은 교회에서도 목표가 되어야 한다. 음악 사역의 리더십을 우선순위 상 높게 두어야 한다. 젊은 행정가 혹은 상담 목회자를 두고, 교회 주차장을 확장하고, 오르간을 구매하기 전에 교회는 신학적으로 훈련된 음악가를 찾아 나서야 한다.

에 관하여 많은 것을 기억할 수는 없지만, 여전히 "여호수아 성을 쳤네 여리고!" 혹은 "영혼의 평화를 찾아" 혹은 다른 노래들을 기억하여 부를 수 있다.

예배시의 음악이 이러한 역할을 한다면, 음악 스타일은 유행하는 음악을 따르는 것이 아니기에 매우 천천히 변화될 수밖에 없다. 나에게, 수많은 CCM은 이러한 지키는 기능을 제대로 못하는 것처럼 보인다. 그것들은 이전 세대의 신앙과 경건을 전달해 주지 못하며, 선조들의 음악 톤을 유지하지 못하고 있다. 음악가들은 교회의 음악 전통을 지키는 일에 실패할 뿐만 아니라, 이 실패를 통하여 실제로 교회를 지키는 일에 실패하고 있다.

8) 선교로서 찬송

역대기는 종종 "알리는" 형식으로-선포와 설교로써 음악을 묘사한다. "제금"과 함께 사용된 동사는, '쉐마'(*shema*)의 형태이다. 그것이 의미하는 바는 "듣게 하다"혹은"크게 외치다"이다(대상 15:19; 16:5). 다윗의 장막에서, 레위 사람들은 그들의 노래를 통하여 그가 "행하신 일을 만민 중에 알려야" 했다(대상 16:8). 클레이닉은 역대상 16:8과 출애굽기 33:19 사이의 유사성을 지적한다. 거기서 야훼는 모세에게 당신의 이름을 "선포한다." 레위 사람들은 그들의 노래에서 영광 구름의 합창에 연합했고, 합창이 영광의 인간 형식이라는 또 다른 증거다.[34]

클레이닉은 또한 역대상 16장의 시편 속에 발견된 찬송을 위한 다

---

34 Kleinig, *The Lord's Song*, 65, n. 1.

양한 동의어를 지적한다(예, 알리다, 전하다, 노래하다, 선포하다, 이야기하다, 말하다[8-9, 23-24, 31절]).³⁵ "야훼에 관한"이스라엘의 노래는 실제, 시편 기자들이 "여호와는 나의 찬송"이라고 말할 수 있었던 그 시편의 내용이었다(시 118:14).

특별히, 이스라엘은 야훼의 "이름"을 선포해야 한다. 이스라엘은 "그의 이름을 불러"(대상 16:8), "영광 돌리도록"(대상 16:10), "감사하도록"(대상 16:35) 권면 받았다. 이렇게 행함으로써, 그들은 "여호와의 이름에 합당한 영광을 돌리는"(대상 16:29) 일에 열방이 참여하도록 요구받았다.

그 외 구약 성경에서 야훼의 "이름"은 빈 음절이 아니라, 그분의 속성, 행적, 자비, 약속, 또한 약속의 이행을 포함하고 있다. 그 모든 것은 야훼의 이름이 선포될 때 알려진다.³⁶

일반적으로 볼 때, 노래는 고대 세상에서 위대한 영웅들의 행위를 축하했다. 그래서 야훼의 행적에 대한 이스라엘의 축하 속에 있는 생각에는 어떤 유비가 있다. 여자들이 전쟁에서 돌아온 사울과 다윗을 찬양하며 노래했던 것처럼, 신부, 이스라엘은 야훼의 솜씨를 축하한다-사울이 천천을 죽였고, 다윗이 만만을 죽였다면, 야훼는 무수히 많은 수를 멸절했다.³⁷

35　Kleinig, *The Lord's Song*, 145.
36　이전 단락은 Kleinig의 토의에 근거한다. Kleinig, *The Lord's Song*, 145.
37　Othmar Keel, *The Symbolism of the Biblical World: Ancient Near Eastern Iconography and the Book of Psalms* (trans. Timothy J. Hallett: New York: Crossroad, 1985), 338, 그림 451에 있는 흥미로운 도해 복원을 보라. 그 그림은 세트를 무찌르는 호루스를 그리고 있다. 그는 배를 타고 강을 건너고, 먼 편에서 탬버린을 가진 여자들로 인해 환영을 받는다.

9) 예배에서 찬송의 배치

일련의 또 다른 결론들이 예배에서 음악의 실제적 배치와 관련되어 있다. 역대하 29:2-35은 히스기야의 성전 재봉헌을 묘사하고 있는데, 이것은 특별히 여기서 중요하다.

희생 제사가 연속적인 일반 행위 가운데 드려졌다. 일곱 황소, 일곱 양, 일곱 숫염소의 첫 속죄제(21절). 다음으로 번제는 70황소, 100 암양, 200어린 양(25-28, 32절), 마지막으로 화목 제사(31절). 음악이 이러한 절차에 얼마나 적절했는지를 주목하는 것이 중요하다. 속죄 제사를 드리는 동안에는 어떤 음악도 연주되지 않았다. 그러나 그것이 마치면, 히스기야는 레위 사람과 제사장들을 준비했다.

> 레위 사람은 다윗의 악기를 잡고 제사장은 나팔을 잡고 서매 히스기야가 명령하여 번제를 제단에 드릴새 번제 드리기를 시작하는 동시에 여호와의 시로 노래하고 나팔을 불며 이스라엘 왕 다윗의 악기를 울리고 온 회중이 경배하며 노래하는 자들은 노래하고 나팔 부는 자들은 나팔을 불어 번제를 마치기까지 이르니라 제사 드리기를 마치매 왕과 그와 함께 있는 자들이 다 엎드려 경배하니라 히스기야 왕이 귀인들과 더불어 레위 사람을 명령하여 다윗과 선견자 아삽의 시로 여호와를 찬송하게 하매 그들이 즐거움으로 찬송하고 몸을 굽혀 예배하니라(대하 29:26-30).

번제와 함께 드리는 찬양의 조화는 신학적인 의미를 만든다. 찬양, 즉 일반적으로 기쁨의 표현은 속죄제를 드리는 동안에는 적절하지 못했다.³⁸ 그러나 번제는 야훼를 향한 예배자의 자기-성별과 하나님의 임재로의 올라감을 나타낸다. 또한, 음악과 번제의 병행은 음악 역시 올라감의 도구라는 것을 나타낸다.

기독교 예배에서 '찬양으로 올라감'(sursum corda)은 용서의 선언 이후에 일어난다. 용서가 선포되고, 하나님의 백성들은 야훼의 이름과 예수의 이름을 기억하며 감사와 찬송의 노래를 부른다.³⁹ 사죄가 선포된 후에, 백성들은 찬송하며 하늘 보좌를 향하여 오르기 시작한다.

더욱이, 시편에서 찬송은 종종 화목제와 관련이 있다. 또한, 희생제 혹은 감사제로 잘 알려져 있다.

> 이제 내 머리가 나를 둘러싼 내 원수 위에 들리리니 내가 그의 장막에서 즐거운 제사를 드리겠고 노래하며 여호와를 찬송하리로다 (시 27:6).

---

38 나의 동료, 덕 슐러(Duck Shuler)는 이것이 참회의 시편들에서는 여지가 없다고 반대한다. 참회의 시편들은 성경에서 일반적인 것인데 여러 방식으로 사용되었다. **첫째**, 많은 참회의 시편들은 애통함으로 시작하지만 기쁨을 향하여 움직인다(예, 시 22편, 심지어 51편도). 이것이 사죄의 선포 이후에 오는 것이 적절한 이유다. 교회의 예배는 죄의 고백에서부터 찬양 속에 올라감으로 움직인다. **둘째**, 다른 시편들은 교회의 특별한 시대에 사용되었다. 예배의 색조는 획일화될 필요가 없다(대체로 아주 즐거운 것이어야 하지만). **셋째**, 이러한 시편들은 죄의 고백으로 말해진다. **넷째**, 나는 교회가 극심한 죄 가운데서 죄의 고백이 노래로 되었는지 믿지 못하겠지만, 그것이 표준이 되지는 말아야 한다고 생각한다.

39 나는 노래가 속죄의 수단이 아니라 성취된 속죄의 선언에 대한 감사와 찬양의 반응이라는 클레이닉의 주장에 동의한다.

> 여호와의 인자하심과 인생에게 행하신 기적으로 말미암아 그를 찬
> 송할지로다 감사제를 드리며 노래하여 그가 행사신 일을 선포할지
> 로다(시 107:21-22).

찬양은 번제의 관점으로 이해할 수 있을 뿐만 아니라, "희생제" 혹은 "화목제"의 유비로도 보여진다.

새 언약의 예배에서, 화목제는 성만찬에서 완성된다. 위의 구절들은 성찬이 베풀어지는 동안 찬송을 부르는 것이 적절하고 좋다는 것을 보여준다. 그러나 성찬식의 음악은 너무 느리거나, 명상적이며, 감상적이어서 "식탁"이 아니라 "무덤"으로 성찬을 다루는 성찬의 경건에 강력한 기여를 하고 있다.

명상적인 음악이 성찬에 종종 사용되지만, 나는 그보다 열정적이고 승리에 찬 음악이 훨씬 더 적절하다고 믿는다. 성찬은 승리의 음식이며, 권세들을 정복하고 사로잡힌 자들을 이끄신 그리스도의 죽음을 기념한다.

성찬식은 슬픔에 삼켜지는 순간이 아니며, 승리자이신 그리스도를 송축하는 순간이다. 우리가 성만찬의 축제에 대해 가져야 하는 그림은 눈을 감고 고개를 숙인 성도들의 회집이 아니다. 오히려 우리는 노래를 부르고, 외치며, 기쁨의 함성이 가득 찬 큰 만찬장을 생각해야 한다. 확실히, 이것은 구약의 축제 분위기였다.

이는 야훼가 그들의 절기에서 크게 기뻐하라고 이스라엘을 강권하셨기 때문이다.[40]

---

[40] 슐러는 다시 반대한다. 성찬식이 그리스도의 죽음에 대한 기념과 선포이기 때

4. 침묵하지 말고 찬양하라! - 찬송과 구속 역사

이스라엘은 자신의 "끝," "종말"(eschaton)에 더 가까이 이를 때마다, 다윗의 음악이 회복되었다. 히스기야는 다윗에 의해 도입된 악기, 찬양대, 나팔을 동원한 성전 음악 사역을 부활시켰다(대하 29:25-28). 요시아가 하나님의 성전을 회복했을 때, 그는 다윗에 의하여 도입된 질서를 따르는 제사장들을 다시 조직한다(대하 35:4). 그가 성전을 회복될 때, 노래하는 사람들이 축제에 참여한다(35:15). 지어진 성전은 노래와 찬양의 장소였다.

그 노래와 찬양이 성전의 기초이며 전체 도성의 마침이었다(에 2:65; 3:10-11; 느 12:24, 27, 36, 44-47). 각각의 경우에, 이스라엘의 회복은 예배 가운데서 음악의 회복이 수반되었다. 역대기의 중심에는 레위 합창이 서 있으며, 또한 그들은 그 끝에 서 있다. 역사는 찬송의 수단을 통하여, 찬송을 향하여 움직인다.

이 책을 통해서, 나는 찬송의 확립이 종말론적 사건으로써 다윗의 장막으로 언약궤의 오름(안착)을 표시했다고 여러 차례 주장했다. 항상 그러하듯이, 주께서 자기 백성을 구원하기 위해 오실 때, 찬송은 그 마지막에 온다. 이스라엘은 바다를 안전하게 건넌 이후에 바로가 돌처럼 가라앉은 것에 대해 노래했고, 하늘은 어린 양이 모든 능력과 영광과 권세와 주권을 받기 위해 나아 오실 때 찬송을 발하며, 성도들

문에, 더 엄숙한 찬송을 가져야 한다는 것이다. 죄의 고백을 노래로 하는 것과 마찬가지로, 나는 성찬이 수행되는 동안에 교회가 "O Sacred Head"를 부르는 것이 큰 잘못이라고 생각하지 않는다. 성찬식에서 죄를 슬퍼하는 것이 압도적이어야 한다고도 생각지 않는다.

은 음녀가 죽었다는 것을 확인할 때 할렐루야를 선포한다.

이러한 일들이 일어나지 않았다면, 끝은 아직 오지 않은 것이며, 종말에 관해 노래할 수 없다. 그냥 바벨론 강변에 있는 버드나무에 수금을 걸고 영원히 침묵하는 것이 낫다.

그러나 교회는 노래하고 있다. 교회는 항상 찬송을 불러왔다. 이것은 우리가 끝의 시작뿐 아니라, 시작의 끝의 증인이라는 것을 나타낸다. 이는 우리가 종말의 증인들이기 때문이다. 그 종말은 이미 그리스도 안에서 시작되었다. 우리는 좀 이르지만-수천 년 전부터 축하하기 시작했던 최종적인 결과를 너무나 확신하고 있다.

찬송은 믿음의 행위이며, 다윗의 장막이 높이 들렸고, 시온이 산들 위로 높아졌고, 열방이 거기서 예배하기 위해 모여드는 종말론적 믿음이다. 오직 신자만이 충만히 실현된 이러한 약속들을 누릴 것이다. 다시 말하지만, 찬송하는 사람만이 그러할 것이다.

CLC 예배학 시리즈

1. 예배학 개론
크리스티안 그레트라인 지음 | 김상구 옮김 | 신국판 | 440면
2. 개혁주의 예배학
필립 G. 라이큰 외 2인 편집 | 김병하, 김상구 옮김 | 신국판 양장 | P&R | 704면
3. 예배학
로버트 E. 웨버 지음 | 이승진 옮김 | 신국판 | 256면
4. 미국 청교도 예배
홀톤 데이비스 지음 | 김상구 옮김 | 신국판 | 392면
5. 교회력에 따른 예배와 설교
로버트 E. 웨버 지음 | 이승진 옮김 | 신국판 | 272면
6. 예배의 역사와 전통
고든 웨익필드 지음 | 김순환 옮김 | 신국판 | 288면
7. 개신교 예배
제임스 F. 화이트 지음 | 김석한 옮김 | 신국판 | 384면
8. 개혁주의 예배(개혁주의 시리즈 20)
제임스 드 종 지음 | 황규일 옮김 | 국판 | 200면
9. 예배 공학
김양중 지음 | 신국판 | 320면
10. 웨스트민스터 총회의 실천: 성경해석과 예배모범(웨스트민스터 총회 시리즈 3)
리처드 A. 멀러, 로우랜드 S. 워드 지음 | 곽계일 옮김 | 신국판 양장 | P&R | 312면
11. 예배 건축가
콘스탄스 M. 체리 지음 | 양명호 옮김 | 신국판 | 520면
12. 예배와 설교
마이클 J. 퀵 지음 | 김상구, 배영민 옮김 | 576면
13. 예배와 목회 돌봄
닐 펨브로크 지음 | 장보철 옮김 | 신국판 | 336면
14. 초대교회 예배사
김정 지음 | 크라운판 변형 | 256면
15. 개신교 예배서에서 본 한국교회와 예배서
김상구 지음 | 신국판 | 272면
16. 기독교 예배학 개론
제임스 F. 화이트 지음 | 김상구, 배영민 옮김 | 신국판 양장 | 480면

17. 예배와 영성
최창국 지음 | 신국판 | 384면
18. 교회 예식 건축가
콘스탄스 M. 체리 지음 | 안명숙 옮김 | 568면
19. 예배와 성찬식의 역사
에드워드 폴리 지음 | 최승근 옮김 | 크라운판 양장 | 496면
20. 복음주의 예배학
존 제퍼슨 데이비스 지음 | 김대혁 옮김 | 신국판 | 336면
21. 깊은 예배: 활기차면서도 경건한 예배 만들기
토마스 G. 롱 지음 | 임대웅 옮김 | 신국판 | 200면
22. 예배, 종교개혁가들에게 배우다
문화랑 지음 | 신국판 | 200면
23. 예배다운 예배
박성환 지음 | 신국판 | 264면
24. 예배, 사회과학을 만나다
네이선 D. 미첼 지음 | 안선희 옮김 | 국판 | 200면
25. 21세기 예배와 사역
토드 E. 존슨 편집 | 최승근 옮김 | 신국판 | 568면
26. 빅 아이디어 예배
데이비드 커리 지음 | 김대혁 옮김 | 신국판 | 256면
27. 디지털 시대의 예배
테레사 베르거 지음 | 안선희 옮김 | 신국판 | 220면
28. 성경에 따라 개혁된 예배
휴즈 올리판트 올드 지음 | 김상구 옮김 | 신국판 | 372면
29. 간추린 예배의 역사
윌리엄 H. 윌리몬 지음 | 임대웅 옮김 | 국판변형 | 228면
30. 찬양신학: 침묵에서 노래하다
피터 J. 레이하르트 지음 | 안정진 옮김 | 국판변형 | 220면
31. 세례 프락시스: 과거, 현재, 미래
크리스티안 그레트라인 지음 | 김상구, 김은주 옮김 | 신국판 | 284면